www.tredition.de

Hellmann: Rätsel Sprache *gelöst*

AF204311

*„Ich glaube, Sprache gibt es nicht. Mir ist es bis heute nicht ge-
lungen zu begreifen, was Sprache ist. Sprache ist für mich
immer das, was in einer Situation passiert."*

Herta Müller (Literaturnobelpreis 2009) im Gespräch mit
Ulrike Ackermann in der Zeitung „Die Welt" am 23.06.2004

Hans-Dieter Hellmann

Rätsel Sprache
gelöst

Der Schlüssel zum
menschlichen Bewusstsein
und zur künstlichen Intelligenz

www.tredition.de

© 2020 Hans-Dieter Hellmann

Umschlaggestaltung: Annette Schukies und tredition
Verlag und Druck: tredition GmbH, Halenreie 40 – 44,
22359 Hamburg

ISBN:
978-3-347-00792-5 (Paperback)
978-3-347-00793-2 (Hardcover)
978-3-347-00794-9 (e-Book)

Bibliografische Information der Deutschen Nationalbibliothek:
Die Deutsche Nationalbibliothek verzeichnet diese Publikation in
der Deutschen Nationalbibliografie; detaillierte bibliografische
Daten sind im Internet über http://dnb.d-nb.de abrufbar.

Inhaltsverzeichnis

1. Kapitel: Die biologische Sprachtheorie

In dieser Schrift wird eine biologische Sprachtheorie vorgestellt, die durch konsequente Anwendung der Methoden der vergleichenden Verhaltensforschung (Ethologie) entstanden ist und einen grundsätzlich anderen und neuen Ansatz zur Sprachuntersuchung darstellt als bisher üblich.[1]

Die biologische Sprachtheorie ermöglicht es, Wahrnehmungs- und Kognitionsvorgänge so zu beschreiben, dass der Zusammenhang zwischen Sprache und Denken sowie die Entwicklung von Bewusstsein im Sinne von Selbstbeobachtung oder Selbstreflexion erläutert werden kann.

Wir leben in einer sonderbaren Zeit.

Auf der einen Seite wird unsere Welt in unglaublichem Maße von technischen Entwicklungen bestimmt. Von Geräten und Abläufen, die nach rationalen, naturwissenschaftlichen Prinzipien entstanden sind und dadurch gesteuert werden. Unsere Umwelt wird so nach physikalisch-chemischen Gesichtspunkten analysiert und manipuliert. Und auch wir selbst, unsere Körper, werden von Medizinern und Biologen nach eben diesen Aspekten immer genauer untersucht und beeinflusst.

Auf der anderen Seite ist der Glaube an übernatürliche, irrationale oder metaphysische Dinge fest in unseren Gesellschaften verwurzelt. Der Glaube an besondere geistige Kräfte, die vom Materiellen unabhängig sein sollen, ist weit verbreitet.

Dieser auf den ersten Blick kaum fassbare Gegensatz hat eine einfache Ursache: Das Erleben von geistigen Leistungen, das Fühlen eines Bewusstseins und die Erfahrung einer Ich-Identität sind so gewaltig, dass es sich zwangsläufig aufdrängt, etwas Besonders, Eigenständiges müsse den geistigen Fähigkeiten des Menschen zu Grunde liegen.

Tatsächlich greift hier ein uralter Mechanismus, der schon immer Menschen in ihrem Urteil bestimmt hat. Wenn etwas nicht erklärbar ist, dann müssen eben magische, übernatürliche Mächte im Spiel sein. So kam es zum Blitze schleudernden Zeus

oder Thor und die Seele ist uns halt von göttlichem Odem einge-
haucht worden.

Obwohl inzwischen zahlreiche geistige Leistungen und Verhaltensweisen hirnorganischen Abläufen zugeordnet werden
konnten und neurophysiologische Zusammenhänge immer besser verstanden werden, lässt es sich nicht leugnen, dass der
letzte Beweis, die schlüssige und allgemein akzeptierte rationale
Theorie zu dem Komplex „Denken-Bewusstsein-Sprache" fehlt.
Daher ist es nicht verwunderlich, dass selbst naturwissenschaftlich gebildete, ernsthafte Menschen dem Glauben an höhere Mächte anhängen.

Es ist überfällig zusammenzufassen, was inzwischen an gesicherten Fakten zu diesem Komplex gesammelt wurde. Es geht
dabei eigentlich um die uralten Fragen nach dem: Woher kommen wir? Wer sind wir? Wohin gehen wir?

Zugegeben, diese Fragen klingen ein wenig pathetisch:
Aber diese Fragen werden immer wieder aufs Neue gestellt,
denn die Antworten – nein, der Glaube, Antworten darauf zu haben – bestimmen unser Handeln und unsere Meinung über die
Menschen und die Welt, in der wir leben. Wie wir miteinander
umgehen, ist untrennbar mit der Beantwortung dieser Fragen
verbunden, – zumindest dann, wenn Menschen sich die Mühe
machen, ihr Handeln und ihre Meinung über die Welt und sich
selbst zu reflektieren.

Je nach der herrschenden Religion, Kultur oder Ideologie lau-
ten die Antworten auf diese Fragen höchst unterschiedlich. Bekanntlich werden in manchen Regionen gleichzeitig die verschiedensten Meinungen dazu verbreitet. Es wird all zu oft erbittert
darüber gestritten.

Diese Ebenen der Religion oder Ideologie zu berücksichtigen,
kann nicht unsere Aufgabe sein. Wir halten es sogar für überflüssig und irreführend, sich mit diesen Bereichen zu beschäftigen, wenn man den Aufbau und die Funktionsweise des Menschen verstehen will. Ebenso werden wir uns nicht mit philosophischen Ansätzen auseinandersetzen, auch wenn die Ein-

gangsfragen traditionell von diesem Fach behandelt werden. Aber wir sehen in der Arbeitsweise und den Gedankengebäuden der Philosophie keinen hilfreichen Weg.[2]

In dieser Schrift interessiert uns eine grundsätzlich andere Sicht:

Wir wollen die Eingangsfragen in erster Linie entsprechend der Methodik und den Ergebnissen der Naturwissenschaften beantworten. Das heißt hier, wir stellen und beantworten die Fragen vor allem aus biologischer Sicht. Damit setzen wir voraus, dass Menschen allein nach physikalischen und chemischen Prinzipien aufgebaut sind und funktionieren. Das Verhalten eines Menschen und seine Meinungen über seine Psyche sind die Folge des überaus komplexen und komplizierten Zusammenspiels von einfachen Grundbausteinen. (Damit folgen wir dem Konsens, der seit einigen Jahrzehnten in den biologischen Fächern unbestritten ist.)[3]

Dies ist also der Maßstab dieser Schrift und kennzeichnet gleichzeitig die grundsätzliche Aufgabenstellung: Lässt sich mit diesem Ansatz der Mensch tatsächlich erfassen oder bleiben zwangsläufig Lücken?

Die Frage nach der anscheinend besonderen und einzigartigen Natur des Menschen (nur er kann Fragen wie die eingangs gestellten formulieren) zielen auf seinen Geist, sein Denken, sein Bewusstsein und – dies wird meist völlig unterbewertet – auf seine Sprachfähigkeit. Die Sprachfähigkeit, die nur den Menschen unter allen Lebewesen auszeichnet, ist gleichzeitig das Mittel, um diese besonderen Denk- und Reflexionsmöglichkeiten beim Erwachsenen überhaupt erst zu konstatieren, zu beschreiben und dann die individuellen Beobachtungen auch an andere weiter zu geben.

Die Sprachfähigkeit stellt offensichtlich den Schlüssel zum Geist, zum Bewusstsein des Menschen dar. Erst die Sprache erlaubt es, die Fragen nach dem „Woher", „Wer sind wir" und dem „Wohin" zu formulieren.

Da aber das Ziel selbst – die Bewusstseinsfähigkeit des Menschen zu erklären – hier am Anfang dieser Schrift zwangsläufig noch unklar ist, muss dieser Begriff vorweg etwas genauer beschrieben werden:

Unter Bewusstsein wird hier die Selbstbeobachtung (Selbstreflexion) verstanden. Damit ist die Beobachtung gemeint, dass anscheinend eine innere Ebene in uns existiert, auf der wir Probleme, Erlebnisse (Wahrnehmungen, Kognitionsvorgänge), kurz alles Gespeicherte, aber auch nur Vorgestelltes „in Gedanken", was immer das an dieser Stelle noch sein mag, reflektieren.

In der Literatur gibt es je nach Lehrmeinung die unterschiedlichsten Einteilungen und Definition des Begriffs Bewusstsein. Da aber bisher eine exakte Erfassung des Phänomens aussteht, die hier erst geleistet werden soll, bleibt nichts anderes übrig, als sich dem Komplex umgangssprachlich, also vorverständlich zu nähern. Sobald wie möglich müssen dann exakte Definitionen, Beschreibungen und Begriffe an die Stelle dieser ersten Formulierungen treten.

Die Erläuterung dieses Problemkreises beinhaltet zwei Aspekte. Einmal den ganz pragmatischen: die Funktionsweise der menschlichen Sprache, des Denkens und Bewusstseins in Form eines Modells zu beschreiben.

Der zweite Aspekt entsteht dadurch, dass wir als Menschen uns selbst nur schwer wertneutral untersuchen und beschreiben können. Wir sind eingebunden in gesellschaftliche Strukturen, in überkommene Ordnungs- und Glaubenssysteme. Zwangsläufig schwingt dies mehr oder weniger deutlich in jeder Beschreibung unseres Selbst mit, denn wir sind gleichzeitig Objekt und Beschreibender dieses Objektes. So werden wir immer wieder innehalten und unsere Aussagen in dieser Hinsicht reflektieren müssen.

Der erste, pragmatische Aspekt steht natürlich im Vordergrund. Dazu soll hier eine Lösung, also eine beschreibende theoretische Erklärung für den Komplex Sprache-Denken-Bewusstsein entwickelt werden. Diese Lösung wird in Form eines Modells angeboten, das darauf ausgerichtet ist, in die Praxis umgesetzt zu werden.

Mit anderen Worten: Die einzelnen Bausteine des vorgeschlagenen Modells, der Theorie, könnten auch in einem künstlichen

Gebilde zusammengesetzt werden. Dabei würden an die Stelle der natürlichen Sinnesorgane künstliche Sensoren und statt des Nervengewebes Bauteile mit Rechner- und Speicherfähigkeit treten. Wenn diese Maschine auch entsprechend der vorgeschlagenen Theorie programmiert würde, dann müsste dort die Leistung, die bisher nur dem Menschen möglich zu sein scheint – über Bewusstsein zu verfügen – beobachtbar sein.[4]

Dieser Ansatz versucht, akzeptierte (gesicherte) Erkenntnisse aus der Natur- und Geisteswissenschaft zu bündeln. Wobei natürlich nur solche Daten aus den Geisteswissenschaften herangezogen werden, die aus der Sicht naturwissenschaftlicher Methodik Bestand haben. Statt nur von einem Fachgebiet auszugehen, werden Materialien vor allem aus vier, teilweise recht unterschiedlichen Gebieten miteinander zu einer einheitlichen Theorie verknüpft:

Es handelt sich dabei um die allgemeine Sprachwissenschaft, Verhaltensbiologie (Ethologie), Entwicklungspsychologie und Aspekte der Künstlichen Intelligenz (Informatik/Computerwissenschaften). Natürlich müssen darüber hinaus Daten und Methoden aus der Evolutionstheorie nach Darwin, der Wissenschaftsgeschichte und anderer Fachgebiete mehr (z. B. der Neurophysiologie) berücksichtigt werden.[5]

Diese Aufzählung mag gewaltig klingen und ein enzyklopädisches Wissen verlangen. Doch das ist durchaus nicht erforderlich. Der rote Faden „Sprachfähigkeit" erlaubt es, gezielt die notwendigen Materialien zu sammeln, zu bündeln und zu einem Modell zusammen zu bauen.

Vorweg ein paar Worte zum weiteren Ablauf des Unternehmens – also wie die folgenden Kapitel aufgebaut sind:

Es ist zuerst nötig im nächsten 2. Kapitel „Sprache, der Rote Faden durch das Labyrinth" die methodischen Prinzipien, nach denen hier vorgegangen wird, genauer als bis jetzt beschrieben, zu erläutern. Das ist wichtig, weil wir versuchen, Menschen aus unterschiedlichen Bildungsgruppen anzusprechen: Naturwissenschaftler stehen geisteswissenschaftlichen Ansätzen oft etwas ratlos gegenüber und Geisteswissenschaftler haben häufig

Schwierigkeiten mit naturwissenschaftlichen Ansätzen. Leider kann man den Problemkreis Bewusstsein aber nur dann verstehen, wenn man von beiden Disziplinen die Arbeitsweisen versteht. Also wird hier versucht, einem unvoreingenommen Leser etwas zu vermitteln – auf die Gefahr hin von Fall zu Fall sowohl den naturwissenschaftlich wie den geisteswissenschaftlichen Leser zu langweilen.

Vor allem geht es in diesem 2. Kapitel darum, das Handwerkszeug zu beschreiben, mit dem gearbeitet wird. Dabei wird geschildert, wie im Laufe der Evolution (Stammesgeschichte) höhere Lebewesen und Menschen entstanden. Dies muss dann zu der Persönlichkeitsentwicklung (von der Eizelle zum Erwachsenen) in Bezug gesetzt werden, denn während dieser beiden Entwicklungen sind unsere Denk- und Bewusstseinsmöglichkeiten entstanden.

Nach diesem methodischen Ansatz entsteht eine Art „Ablaufplan". Es werden in den weiteren Kapiteln „Bausteine" gesammelt, die in ihrem Zusammenspiel beim älteren Jugendlichen und dem erwachsenen Menschen zum Phänomen Bewusstsein führen. Der Spracherwerb und die Sprachentwicklung des Menschen ist die Richtschnur, an Hand derer Daten zusammengestellt werden. Es handelt sich um die Zeit ab dem dem ersten und zweiten Lebensjahr bis hin zur Pubertät. (3. bis 5. Kapitel)

Wir beschreiben damit die genetische und kulturelle Programmierung des Menschen und bieten so gleichzeitig die Bausteine für eine mögliche Umsetzung in Form eines künstlichen Modells des menschlichen Geistes an. Ein solches Modell des Menschen würde die hier vorgestellte Theorie überprüfbar machen, denn ein entsprechend aufgebauter, mit Sensoren ausgestatteter Rechner müsste Leistungen und Verhaltensweisen vergleichbar den menschlichen zeigen. (6. Kapitel)

Dies wird die Frage beantworten, wieweit Maschinen menschenähnliche Intelligenz/Bewusstsein zeigen können. Dabei erlauben wir uns eine Art „Gedankenexperiment". Es dreht sich um die Frage, ob natürliche oder künstliche Geschöpfe[6] eines Tages intelligenter als heutige Menschen sein könnten, beispielsweise neue Denkfähigkeiten oder Bewusstseinsebenen erreichen könnten.

Zum Schluss (im letzten 7. Kapitel) kommen wir wieder auf die Eingangsfragen zurück: Woher kommen wir? Wer sind wir? Wohin gehen wir? Dabei geht es im Grunde genommen um eine sogenannte Technikfolgenabschätzung. Dies bedeutet zu beschreiben, welche gesellschaftliche Folgen eine systematische Analyse menschlicher Funktionen und ihres Nachbaus haben könnten.

2. Kapitel: Sprache, der Rote Faden durch das Labyrinth

Die Sprache des Erwachsenen ist ein überaus komplexes und kompliziertes Gebilde. Mehr als ein Jahrzehnt dauert es, bis ein Kind sie beherrscht. Dabei wird der menschliche Spracherwerb offensichtlich von unseren Erbanlagen gesteuert, weil er in allen Sprachen in ähnlichen Schritten abläuft. Da aber unsere Gene zu 99 Prozent mit denen der Menschenaffen übereinstimmen, müsste auch genetisch gesteuertes Verhalten, wie die Sprachfähigkeit, in Vorstufen bei unseren nächsten Verwandten beobachtbar sein.

Wenn Sprache der Rote Faden sein soll, der durch die verwirrende Vielfalt an Daten, Fakten, Annahmen, gesicherten und ungesicherten Beschreibungen und Theorien zum menschlichen Geist führen soll, dann stehen wir hier vor einem irritierenden Problem: Es gibt bisher keine allgemein akzeptierte Theorie, was Sprache eigentlich ist, wie sie entstanden sein könnte, wie sie funktioniert, was für ein Modell oder System dahinter stecken mag.

Und das Paradoxe an der Geschichte ist, dass wir hier Sprache benutzen, um Sprache zu beschreiben, ohne bis jetzt sagen zu können, was Sprache ist!

Ein Blick auf die Geschichte der Sprachbeschreibung fördert noch eine für diese Situation bezeichnende Geschichte zu Tage: Ende des 19. Jahrhunderts wurde eine solche Fülle an immer aber-witzigeren Sprach-Ursprungs-Theorien angeboten, dass die seinerzeit führende „Sociète de Linguistique de Paris" 1866 in ihren Statuten beschloss, überhaupt keine Theorie über den Ursprung der Sprache mehr zur Veröffentlichung anzunehmen. Das hindert Autoren bis heute nicht, immer wieder aufs neue Arbeiten zum Ursprung der menschlichen Sprache anzubieten, die bisher allesamt unakzeptabel blieben.[1]

Diese kurze Beschreibung nährt einen scheinbar absurden Verdacht: Wenn es über Jahrhunderte hinweg unzähligen For-

---

schern nicht gelang Sprache zu erklären – dann muss die Frage erlaubt sein, *ob es Sprache als ein eigenständiges System überhaupt gibt.* Ob nicht der bisherige Blick auf diese einzigartig scheinende Fähigkeit von Vorurteilen so gestört wird, dass eine Lösung des Problems verhindert wird. Also ein grundsätzlich anderer Ansatz gefunden werden muss.

Der Weg zur Lösung der Problematik ist erstaunlich einfach: Es müssen lediglich konsequent die über mehr als ein Jahrhundert hinweg entwickelten Arbeitsweisen der Biologie angewendet werden, denn schon ein flüchtiger Blick auf den Spracherwerb des Kindes[2] zeigt, dass er durch Erbanlagen, also genetische Faktoren gesteuert wird. Damit liegt also eine materielle Basis zur Untersuchung von Sprache vor. Entsprechend greifen die Prinzipien der Naturwissenschaften. Es müssten sich also so etwas wie „Baupläne" oder „Baugrundlagen" für die Sprachfähigkeit finden lassen.

Der Hintergrund: Sowohl die körperlichen Strukturen als auch die sozialen und geistigen Fähigkeiten und Verhaltensweisen sind beim Menschen nicht neu entstanden, sondern bauen auf früheren Stufen unser Vorfahren und Verwandten im Tierreich auf. Diese im Verlauf der Stammesgeschichte (der Evolution) herausgebildeten Vorstufen müssten bei unseren Verwandten im Tierreich beobachtbar sein und wie in einem Zeitraffer dann in der Kindheit wieder aufgebaut werden. (Die Evolutionstheorie nach Charles Darwin und die sogenannte biogenetische Grundregel von Ernst Haeckel kommen hier zum Tragen.[3])

Entsprechend muss beobachtet werden, wie sich in der frühen Kindheit die sprachlichen Fähigkeiten entwickeln; unter welchen Rahmenbedingungen sie auftreten. Und, das ist wichtig, es muss dabei berücksichtigt werden, was ein Kind schon vor der Sprachentwicklung leistet.

Dies sollte dann in Bezug zu den Leistungen unserer Verwandten im Tierreich gesetzt werden. Das heißt, es ist zu prüfen, wieweit es Vergleichbarkeiten zwischen dem Verhalten des Kleinkindes und dem der Tiere gibt. Wenn solche Ähnlichkeiten beobachtet werden, dann dürften diese die Basis unserer Sprachfähigkeit sein.

Bevor ein erster Blick auf die kindliche Entwicklung gerichtet wird, gilt es noch zwei wichtige Punkte festzuhalten:

Erstens: Nicht allein akustische Merkmale oder Signale (wir gebrauchen die beiden Ausdrücke im Zusammenhang mit Sprache als Synonyme) sondern auch Handzeichen und grafische Gebilde können als Sprachzeichen dienen und zu einer vollständigen Sprachbeherrschung führen. Die Beobachtungen bei Hörsprachgeschädigten (Taubstummen) haben das seit vielen Jahrzehnten eindeutig belegt.[4]

Diese Feststellung ist deshalb wichtig, weil nur so eine Vergleichbarkeit mit tierischem Verhalten möglich ist. Bei unseren nächsten Verwandten, den Menschenaffen, fehlt die Fähigkeit differenzierte Laute zu produzieren, weil die dazu nötigen anatomischen Strukturen (ein entsprechender Kehlkopf) wie beim Menschen nicht vorhanden sind.

Zweitens ist es wichtig, darauf hin zu weisen, dass Kinder über Sinnesorgane verfügen müssen, um überhaupt Sprache erwerben zu können. Von Geburt an taub-blinde Menschen lernen nie Sprache.[5] Dem Spracherwerb in der Kindheit geht deshalb immer eine Kognitionsentwicklung voraus. Das heißt Kinder erkennen und strukturieren ihre Umwelt mit Hilfe ihrer Sinnesorgane und den sie steuernden, verarbeitenden Nervensystemen.

Beim Blick auf diese Strukturierung fällt auf, dass Kinder schon früh, spätestens zum Ende des ersten Lebensjahres, Dinge oder Abläufe wieder erkennen, wenn nur ein Teil eines Gegenstandes wahrgenommen wird. Auch nur ein grobes Abbild – die Skizze eines Gesichtes zum Beispiel – reicht aus, um einen Menschen zu erkennen. Und natürlich werden zusätzliche Merkmale mit Personen oder Gegenständen verbunden – die Stimme eines Elternteils, ein Geruch, Farben, charakteristische Formen, Bilder und anderes mehr reichen aus, um zielgerichtete Reaktionen auszulösen, lassen also auf Erkennungsvorgänge schließen. So ist auch das sogenannte passive Sprachverständnis einzuordnen. Akustische Signale wie „Papa", „Mama" stehen für bestimmte bekannte, wieder erkannte, wahrgenommene Personen. Sprachliche Bitten, z. B. „Zeige deine Augen!", werden korrekt erfüllt.

Aber auch Handzeichen, das Winken bei der Begrüßung oder beim Abschied werden mit bestimmten Situationen oder Abläufen verbunden.

Wenn unter diesem Gesichtspunkt, ohne jede theoretische Festlegung, Tiere beobachtet werden, dann kann festgestellt werden, dass Nahrung (Beute), Partner, Gefahren – kurz, alles was von Bedeutung für ein Lebewesen ist, häufig erkannt wird, auch wenn nur ein Teil statt des gesamten Objektes zu sehen ist. – Ein Geruch, eine Farbe, ein Geräusch reichen aus, um Verhalten auszulösen, als ob das gesamte Objekt zu sehen ist. Darüber hinaus – abhängig von der Lernfähigkeit der jeweiligen Spezies – können zusätzliche Merkmale erworben werden, deren Erscheinen wirkt, als ob das gesamte Objekt wahrgenommen wurde.

Viele Säugetiere – Hunde, Elefanten oder Pferde – können so akustische und andere Signale lernen, die offensichtlich für einen komplexeren Zusammenhang stehen. Und erst recht gilt dies für Menschenaffen. In den Sprachlernversuchen mit Schimpansen konnte mit Hilfe von Gesten aus der Taubstummen-Sprache und grafischer Symbole ein Verhalten beobachtet werden, das mit dem von zwei- bis dreijährigen Kindern vergleichbar ist.[6]

Es erhärtet sich der Verdacht, wird zur These, dass am Anfang keineswegs die Grundlage für den Erwerb irgendeines Systems gelegt wird. Alle etwas komplexer aufgebauten – also mit feineren Sinnesorganen und verarbeitenden Nervensystemen ausgestatteten – Lebewesen erfassen die unterschiedlichsten Erscheinungen und Abläufe in ihrer Umwelt. Es erkennen, begreifen, strukturieren, kategorisieren (wie immer man die Kognitionsvorgänge nennen mag) Tiere wie Menschen ihre Umwelt und reagieren auf Dinge, auch wenn nur ein Teil zu sehen ist.

Anders ausgedrückt: die Strukturierung der Umwelt scheint die primäre Fähigkeit zu sein, die dem Spracherwerb vorausgeht.

Diese These des Primats der Umwelterfassung (des Erkennen und Begreifens der Welt) lange bevor Sprachzeichen als zusätzliche Merkmale zu Begriffen oder wahrgenommenen Kategorien hinzugefügt werden, lässt sich durch einen Blick auf genau abgegrenzte Bereiche unserer wahrgenommen Welt unterstützen:

Musik und die Notensprache sind das Beispiel, das unsere These unterstützen soll.

Menschen können Musik wahrnehmen, Melodien und Instrumente an ihrem Klangablauf erkennen. Sie können selber musizieren, Musikinstrumente spielen, mit andern Menschen gemeinsam singen. Und all dies gelingt, ohne die „Sprache" der Musik, das Notensystem, zu beherrschen.

Für einen ungeübten Laien sind Noten nichts weiter als Handlungsanweisungen um beispielsweise bestimmte Tasten auf dem Klavier in bestimmter Lautstärke, Rhythmus, Länge usw. zu betätigen. Ein Physiker könnte die Notenschrift auch durch mathematische Formeln für Schallfrequenzen ersetzen. Aber niemand käme auf die Idee, zu sagen, dass diese Punkte und Striche auf den fünf Linien Musik seien.

Allerdings kann schon ein geübter Sänger beim Blick auf ein Notenblatt den Eindruck haben, eine Melodie wahrzunehmen, er kann sie vom Blatt singen. Ein professioneller Musiker muss nicht einmal eine Tonfolge eines Notenblattes laut singen oder summen, um sie zu erkennen.[7]

Erst recht beherrschen Dirigenten und Komponisten diese direkte Umsetzung der schwarzen Punkte und Linien in Klänge. Ein guter Komponist benötigt kein Klavier, um Musik auf einem Notenblatt festzuhalten. Er braucht nicht einmal mehr hören zu können. Es genügt, wenn er einmal gehört hat! (Das bekannteste Beispiel dafür war Ludwig van Beethoven.)

Das Beispiel Musik und ihre Sprache kann hier in diesem Kapitel nur als erster Hinweis auf die grundsätzlich andere Sicht auf das Phänomen Sprache dienen. Im Verlauf dieser Schrift werden wir noch ausführlich darauf zurück kommen und dieses und andere ähnliche Beispiele genauer analysieren.

Entsprechend scheint auch die natürliche Sprache, also im Normalfall das akustische Merkmal, vergleichbar mit den Punkten und Linien der Notenschrift zu sein. Die Schallschwingungen der gesprochenen Sprache stehen für konkrete Sinneseindrücke, so wie die Noten auf dem Papier dies auch widerspiegeln. Bei der Notenschrift durchschauen wir diesen Zusammenhang, bei der natürlichen Sprache nicht, sondern nehmen fälschlich an, dass die Sprache etwas ganz Eigenständiges sei.

Es gibt noch ein zweites einfaches Beispiel, das auf das Primat der Umwelterfassung hinweist: Gemeint sind Kinder, die mehrsprachig aufwachsen. Also zum Beispiel Kinder, die mit der Mutter deutsch und dem Vater französisch sprechen. Wenn diese Kinder nun mit etwa drei Jahren in den Kindergarten kommen, dort natürlich deutsch sprechen und gebeten werden doch zu sagen was „Guten Tag" auf französisch heißt, sind sie dazu nicht in der Lage, reagieren irritiert. Aber natürlich begrüßen sie ihren Vater, wenn er sie abholen kommt, mit „Bonjour!".[8]

Offensichtlich wachsen die mehrsprachigen Kinder in zwei Umwelten auf: der des Vaters und der der Mutter. Die beiden unterschiedlichen Kognitionserfahrungen können noch nicht miteinander in Bezug gesetzt werden. Das sprachliche Handeln ist beim Dreijährigen immer an die jeweiligen direkten Wahrnehmungserfahrungen gebunden. Erst mit etwa fünf bis sechs Jahren können Kinder anfangen zu übersetzen (erst wenn die weitere Sprachentwicklung im 5. Kapitel untersucht wird, lassen sich die Ursachen für diese Leistungssteigerung erläutern.)

Wie das Beispiel Notenschrift ist auch die Mehrsprachigkeit beim Aufwachsen nur ein *Hinweis* aber *kein Beweis* dafür, dass Wahrnehmungsvorgänge bzw. Kognitionsabläufe die eigentliche Basis für den Spracherwerb bilden. Bevor wir daraus eine These ableiten, die verifiziert oder falsifiziert werden muss, gilt es noch einen weiteren wichtigen Punkt vorweg anzusprechen: Das Stichwort Kommunikation.

Es mag verwundern, dass dieser Komplex erst jetzt behandelt wird. Sprache wird ja nur in der Kommunikation zwischen Kind und Erwachsenem gelernt. Im sprachlichen Austausch von Meinungen und Informationen manifestiert sich Sprache. Und doch, Kommunikation und Sprache haben nur sekundär etwas miteinander zu tun.

Ebenso wie die Wahrnehmungsverarbeitung ist Kommunikation eine der Sprachfähigkeit lange vorausgehende Fähigkeit (ein stammesgeschichtlich älterer Teil). Alle Geschöpfe, die in sozialen Strukturen leben, müssen zwangsläufig untereinander Informationen austauschen, um ein funktionierendes Gruppenleben zu ermöglichen.

Sie beobachten einander. Das beginnt bei der Wahrnehmung der Körperhaltung eines Rudelmitgliedes und reicht bis hin zu akustischen Signalen, die als Nachrichten empfangen und weitergegeben werden. Diese Informationen sind für den Zusammenhalt und das Überleben einer Gruppe buchstäblich überlebenswichtig. Und Kommunikation hat natürlich noch einen gewaltigen Vorteil: Es genügt, wenn ein Gruppenmitglied einen Feind entdeckt hat, um diese Information für alle erlebbar zu machen. Wahrnehmungsvorgänge werden so multipliziert.

Entsprechend sind solche Kommunikationsformen mehrfach in der Evolutionsgeschichte parallel in verschiedenen Tiergruppen entstanden (so wie dies auch für andere Leistungsmöglichkeiten oder Organe gilt, die einen Überlebensvorteil haben.)

Der grundsätzliche Unterschied zwischen den tierischen und den menschlichen Kommunikationsmöglichkeiten liegt allein darin, dass Menschen jeder wahrgenommen Kategorie ein zusätzliches Zeichen zuordnen können, bei Tieren dies nur sehr eingeschränkt möglich ist. (Welche genetisch bestimmte Mechanismen diesem Leistungssprung beim Menschen zugrunde liegen, wird im folgenden 3. Kapitel zu klären sein.)

Der Evolutionsvorteil liegt auf der Hand, wenn über akustische oder andere Signale/Merkmale Informationen über *alle* Wahrnehmungen immer genauer übermittelt werden können. Mit dieser genetisch bedingten Technik versehene Lebewesen sind bei der Nahrungssuche und bei der Abwehr von Feinden deutlich im Vorteil. Zwangsläufig setzten sie sich anderen Spezies gegenüber durch. Darüber hinaus lassen sich mit dieser Fähigkeit aber auch Informationen aus der Vergangenheit für alle Gruppenmitglieder in die Gegenwart holen und die Zukunft planen. Entsprechend sind solche Geschöpfe weniger den augenblicklichen Einflüssen ausgeliefert. (Wir können diese Vorteile hier nur kurz skizzieren, das muss im weiteren Verlauf dieser Arbeit noch genauer überprüft, analysiert und diskutiert werden.)

Zusammengefasst lautet die These, die in den folgenden Kapiteln überprüft werden muss:

Menschen wie Tiere erfassen ihre Umwelt, erkennen Dinge oder Abläufe, strukturieren und bilden Kategorien (Merkmalskombinationen)[9].

Es muss aber nicht die gesamte Kategorie vollständig wahrgenommen werden, es reicht in vielen Fällen, wenn einzelne Merkmale erkannt werden. Es können darüber hinaus zusätzliche Merkmale erlernt werden, deren Wahrnehmung so wirkt, als sei der gesamte Komplex erkannt worden.

Tiere können nur partiell zusätzliche Zeichen hinzufügen. Menschen sind in der Lage, jedem wahrgenommenen Zusammenhang ein weiteres Merkmal[10] zuzuordnen. Allein auf dieser minimalen zusätzlichen Fähigkeit beruht die Überlegenheit des Menschen und baut seine Sprachfähigkeit auf.

3. Kapitel: Die Sprachentwicklung bis zum Schulalter

Die Beobachtung und Analyse des Sprachverhaltens des Kindes bis zum Schulalter (etwa bis zum sechsten Lebensjahr) belegt, dass Sprache vor allem die Verarbeitung von Wahrnehmungsleistungen widerspiegelt und nicht davon zu trennen ist.

Wie schon im vorangegangenen Kapitel kurz skizziert, ist als erstes ein passives Sprachverständnis beim Kind etwa ab der Mitte des ersten Lebensjahres zu beobachten. Kinder reagieren auf wenige, einzelne sprachliche Ausdrücke. Wobei dies natürlich immer in die augenblickliche Situation und die direkte Wahrnehmung eingebettet und davon nicht zu trennen ist. (Wir orientieren uns bei der Beschreibung des Spracherwerbs an den immer noch gültigen Darstellungen von Clara und William Stern, siehe Anmerkung 2. zum 2. Kapitel.)

Zwischen dem Verhalten eines Tieres und dem des Kindes in diesem Alter ist in Bezug auf die Reaktion auf sprachliche Signale kaum ein Unterschied festzustellen. Das ist bei Haus- und Nutztieren seit langem bekannt und früh gründlich untersucht worden.[1] Während das Kind diese Phase sehr schnell verlässt und weitere Fähigkeit entwickelt, bleiben Tiere auf dieser Stufe stehen.

Etwa mit dem Ende des ersten Lebensjahres[2] beginnen Kinder selbst erste Worte zu produzieren und bezeichnen mit sprachlichen Ausdrücken Dinge ihrer Umwelt. Einige Fallbeispiele, die wir in unserer Bekanntschaft und Verwandtschaft beobachteten, sollen das deutlich machen:

Es war ein aufregender Tag gewesen. Der kleine Frank, gerade ein Jahr alt, hatte mit seinen Eltern einen Ausflug gemacht. Jetzt konnte und wollte er noch nicht ins Bett, obwohl er sichtlich müde war. Der Vater nahm das quengelnde Kind auf den Arm und ging ans Fenster. Er wollte dem Knaben zeigen, wie dunkel es draußen schon war und hoffte, ihn damit zum Schlafengehen zu überreden. Doch da jubelte das Kind plötzlich los: „Tor! Tor!" und zeigte aufgeregt auf den Vollmond am Himmel.

Auch in den nächsten Tagen und Wochen verwirrte Frank mit einer eigenwilligen Wortwahl seine Eltern. Das Kind nannte nicht nur den Mond „Tor" sondern bezeichnete so auch die großen Knöpfe an einem Mantel, den Griff einer Schublade und sogar das runde Loch in einem Aktenordner.

Die Erklärung für dieses durchaus altersangemessene Verhalten ist einfach: Das Kind saß mit seinem Vater bei der Übertragung von Fußballspielen vor dem Fernsehapparat. Das runde Ding, das da über den Rasen getreten wurde, verband es ganz einsichtig mit dem herausragenden, weil am lautesten immer wieder gerufenen Etikett „Tor".

Der kleine Frank ist durchaus kein Einzelfall. Am Anfang der Sprachentwicklung um den ersten Geburtstag herum lässt sich dieses eigenwillige Verhalten immer wieder beobachten. Patrick begrüßte morgens den Rasierpinsel des Vaters mit „Wau-Wau", nannte den Pelz der Mutter und zu guter Letzt dann aber auch den Rauhaardackel des Nachbarn so. Die kleine Nina-Marie bestaunte die ersten Schmetterlinge ihres Lebens im Frühjahr als „Winke-Winke".

Frank, Patrick und Nina-Marie tun, was alle Kinder in diesem Alter machen: Sie ordnen die Eindrücke, die auf sie einstürmen. Sie erkunden und strukturieren ihre Umwelt. Dabei bleibt diese Strukturierung relativ unpräzise. Die einzelnen Wörter, die geäußert werden, stehen für größere Zusammenhänge. Beispielsweise kann das Wort „Mama" eine ganze Reihe verschiedener Bedeutungen haben. „Da ist Mama!", „Mama komm her!", „Mama nimm mich auf den Arm!" und so weiter. Entsprechend stehen auch die anderen Ausdrücke, die Kinder gelernt haben und gebrauchen, immer im Zusammenhang mit der jeweiligen Situation. Die Sprachwissenschaft spricht hier von der Phase des „Ein-Wort-Satzes".

Für das Kind am Anfang der Sprachentwicklung ist das Wort nicht ein Name für etwas im Erwachsenensinn genau Abgegrenztes. Es ist ein Teil des Wahrnehmungs- und Handlungsvorgangs. Zusammen mit der Tonlage, den Gesten, der Körperhaltung und des Gesichtsausdrucks wird das Wort und werden später dann auch die Wortverbindungen gebraucht. (Gesprochene Sprache ist allerdings nicht nur beim Kleinkind, sondern auch noch beim Erwachsenen meistens eingebunden in die augenblickliche Situation und oft nur durch die zusätzlichen nonverbalen Kommunikationselemente verständlich.)

Dieses frühe aktive Sprachverhalten lässt sich direkt mit dem Verhalten von sozial lebenden Tieren vergleichen. Erdmännchen beispielsweise kommunizieren mit unterschiedlichen Pfeiftönen. Je nach dem, ob ein Feind aus der Luft, vom Boden aus in Sicht ist oder ob Entwarnung gegeben werden kann, lassen sich die Töne auch für uns gut unterscheiden.

Ähnliches kann auch bei Hunden beobachtet werden, die in unterschiedlichen Situation verschiedene akustische Signale geben. Sie können auch für neue Situationen spezielle Lautäußerungen erlernen. Vergleichbares lässt sich bei vielen Spezies, die mit Lautäußerungen kommunizieren, beobachten. Unzählige Beispiele dafür finden sich unter anderem bei Vögeln.

Das Kind auf der Ebene des „Ein-Wort-Satzes" zeigt deshalb im Vergleich zu den Leistungen von Tieren nichts prinzipiell Neues. Wobei natürlich die meisten akustischen Signale von Tieren angeboren sind, aber durchaus auch erlernte hinzukommen können.

Allerdings ändert sich das Bild entscheidend mit dem weiteren Ablauf des Spracherwerbs: In dieser nächsten Phase der Entwicklung ab Mitte des zweiten Lebensjahres entdeckt das Kind, dass alle Dinge einen Namen haben. Das äußert sich darin, dass das Kind beginnt, von sich aus nach neuen Wörtern zu fragen. Immer wieder kommt so oder ähnlich die stereotype Frage: „Heißt das?" Außerordentlich rasch erweitert sich jetzt der Wortschatz. Außerdem werden einzelne Wörter miteinander verknüpft und erste grammatische Regeln lassen sich beobachten.

Diese plötzliche „Explosion" des Sprachlernens muss jetzt genauer betrachtet werden, denn mit dieser Phase beginnt das, was zu dem unglaublichen Leistungssprung des Menschen führt. Dabei sind es zwei Entwicklungen, die analysiert werden müssen. Es handelt sich zum einen um die plötzliche Steigerung des Lernens von neuen Wörtern und zum zweiten um die ersten Regeln des Verknüpfens von Begriffen[3].

Zuerst zum Stichwort „Lernen":
Schon seit langem ist bekannt, dass es die unterschiedlichsten Formen des Lernens, also des Erwerbens, Verarbeitens und Speicherns von Informationen gibt. Das beginnt bei einfachen Reiz-Reaktions-Schemata, Lernen durch Beobachtung, emotional bedingten Lernformen und vielem anderem mehr. Eine Besonderheit, die 1935 von Konrad Lorenz entdeckt und beschrieben wurde, ist das Prägungslernen.[4]

Entdeckt wurde diese Lernform bei Gänseküken. Wenn das in einem Brutschrank gereifte Küken aus dem Ei schlüpft, nimmt es (hier etwas vereinfacht dargestellt) den ersten Gegenstand, der sich vor ihm bewegt, als Elternteil an und folgt ihm. Diese Prägung geschieht innerhalb einer sensiblen Phase (eines Zeitfensters) von 24 Stunden und hält ein Leben lang an. Wenn das Küken zum Beispiel auf eine Spielzeugfigur, die sich vor ihm bewegt, geprägt ist, dann lässt sich diese Verbindung nicht mehr rückgängig machen.

Nicht nur bei verschiedenen Vogelarten, auch bei vielen Säugetieren lassen sich solche Prägungsvorgänge beobachten. Hunde beispielsweise müssen in den ersten Lebenswochen Menschen kennengelernt haben, um sie als Rudelmitglieder zu akzeptieren, wie jeder Hundezüchter weiß.

Die Regelhaftigkeiten des Prägungslernens sind immer ähnlich: Es gibt eine sensible Phase (Zeitfenster), innerhalb derer gelernt wird (eine Verknüpfung hergestellt wird). Bestimmte Wahrnehmungen (Kategorien/Begriffe) werden fest mit bestimmten Bedeutungen verknüpft. Diese spezielle Lernform, die nur auf einen Bereich ausgerichtet ist, ist genetisch festgelegt.

Es liegt nahe anzunehmen, dass sich auch beim Menschen eine solche besondere Lernform in Bezug auf den Spracherwerb im Verlauf der Evolution herausgebildet hat. Allerdings unterscheidet sich diese Lernform erheblich von den Prägungsformen, die bei Tieren beobachtet werden. Die sensible Phase innerhalb derer Kinder einem Sinneseindruck ein zusätzliches Merkmal zuordnen (es damit fest verknüpfen, es für lange Zeit unlösbar verschweißen) reicht vom zweiten Lebensjahr bis zur Pubertät. Sie dauert also erheblich länger, als solche Phasen bei Tieren beobachtbar sind. Außerdem beschränkt sie sich nicht nur auf wenige Eindrücke, sondern auf alle. Entsprechend lässt sich diese Lernform natürlich nicht phylogenetisch (nicht homolog) von den Leistungen der Tiere ableiten. Sie dürfte neu (analog) beim Menschen entstanden sein, folgt aber den Regeln, die sich schon beim Gänseküken erkennen lassen.[5]

Festgehalten werden muss: Die grundsätzliche Leistung, dass einem Eindruck (einer Wahrnehmung im Rahmen der Kognitionsverarbeitung) ein Merkmal zugefügt wird, dessen Erscheinen ausreicht, als sei die gesamte Wahrnehmung erkannt worden, ist schon bei Tieren vielfältig beobachtbar. Generell jedem Eindruck ein zusätzliches Zeichen zuzuordnen, lässt sich *nur beim Menschen* feststellen, kann als eine besondere Lernform innerhalb einer sensiblen Phase erklärt werden und ist Basis für die Leistungssteigerung des Menschen.

Entsprechend lassen sich auch im zentralen Nervensystem (in der Hirnrinde, Neocortex) Gebiete ausmachen, die in dieser Größe und Ausformung bei den Menschenaffen nicht vorhanden sind (Brocasches und Wernickesches Zentrum). Das bedeutet, dass es eine materielle Grundlage für die Sprachfähigkeit des Menschen gibt.[6]

Wichtig ist in diesem Zusammenhang noch einmal darauf hinzuweisen, dass das zusätzliche Zeichen oder Merkmal nicht zwingend ein Lautzeichen sein muss. Die schon beschriebenen Beobachtungen bei Hörsprachgeschädigten (Taubstummen) zeigen, dass Handzeichen oder grafische Zeichen zu einer vollwertigen Sprachkompetenz führen. (Deswegen können wir auch keinen prinzipiellen Unterschied zwischen dem Verhalten des Kleinkindes, das „Trinken" schreit und dem des Hundes, der seinen Fressnapf anschleppt, sehen.)

Jetzt zum zweiten Punkt, der Verknüpfung von einzelnen Begriffen:

Diese Leistung lässt sich auf eine immer bessere Differenzierung von Wahrnehmungen zurückführen. Wobei hier wichtig ist, dass Kognitionsvorgänge sich nicht auf die Erfassung von drei Dimensionen beschränken, sondern häufig mit dem Faktor Zeit verbunden sind. Nicht nur die menschliche Wahrnehmung umfasst mindestens vier Dimensionen; diese Fähigkeit zeigt sich vielmehr schon früh in der Stammesgeschichte der Wirbeltiere und auch in allen anderen Tierstämmen.

Einer der ersten, der den Zeitfaktor in der Verhaltensforschung einführte, war Jakob von Uexküll (Uexküll 1934/1970). Er belegte dies am Jagdverhalten vieler Tiere, die erst dann eine Beute erkennen, wenn sie sich bewegt. Der Totstellreflex bei Säugetieren ist entsprechend einzuordnen. (Weil ein Rehkitz sich nicht bewegt, wird es vom Jäger nicht wahrgenommen. Die Farben und Formen des bewegungslosen Kitzes verschmelzen mit der Umgebung zu einem Bild.)

Beim Menschen ist die Wahrnehmung von Veränderungen im Ablauf der Zeit offensichtlich angeboren (wie sie auch schon bei Tieren genetisch determiniert ist). Ein wenige Monate altes Kind versucht auszuweichen, wenn auf eine Leinwand vor ihm ein sich gleichmäßig vergrößernder Schatten projiziert wird, also eine Kollision simuliert wird. Wenn aber der Schatten sich ungleichmäßig vergrößert, erfolgt keine Ausweichreaktion. Noch als Erwachsener reagieren wir unruhig, wenn wir im Kino einen Zug direkt auf uns zurasen sehen.

So werden im Rahmen der Wahrnehmung Beziehungen zwischen statischen Dingen hergestellt. Diese Beziehungen, diese Verbindungen zwischen Kategorien können selbst wieder zu Begriffen werden. Durch den Zeitfaktor in Verbindung mit statischen Dingen scheint so etwas wie ein System aus Regeln und Begriffen zu entstehen.

Wenn ein Kind „laufte" statt „lief" sagt, zeigt es, dass es Vergangenheitsformen erkannt hat (also etwas im Ablauf der Zeit erkannt hat). Aber dass es Unregelmäßigkeiten gibt, hat es noch nicht erlernt. Viele grammatische Formen lassen sich aus der Wahrnehmungsstrukturierung ableiten. „Wenn-dann-Zuordnungen"; Komparationen, etwas ist größer oder kleiner; Mengenbegriffe; Wertungen, etwas ist gut oder schlecht in Form von Adjektiven, können auf die Strukturierung der Wahrnehmung zurückgeführt werden. (Auch hier zeigen sich wieder Parallelen zu den Leistungsmöglichkeiten von Tieren. Bei Vögeln und Säugetieren lassen sich solche Fähigkeiten nachweisen, siehe Eibl-Eibesfeld 1967/2004.) Aber nur durch Sprachzeichen lassen sich Bewegung und Zeit beschreiben und weitergeben. Obwohl auch Tiere Abläufe erfassen, können sie dies nicht weitergeben.

Darüber hinaus sind sicherlich viele sprachliche Strukturen nichts weiter als Normen des „korrekten" Verhaltens (Konventionen). Beispielsweise spiegeln das die Artikel wider. „Der Strand" ist im Deutschen männlich, im spanischen „la playa", also weiblich. Einen sächlichen Artikel wie im Deutschen gibt es in vielen Sprachen nicht. Das Englische kommt beim bestimmten Artikel mit einem einzigen Ausdruck zurecht. Unregelmäßige Verben („lief" statt „laufte") müssen entsprechend als Verhaltensvorschriften aufgefasst werden. (Die oft verkürzte Umgangssprache im Gegensatz zur Schriftsprache, die als gesellschaftliche Normierung verstanden werden muss, belegt diese Einschätzung. Einen tatsächlichen kommunikativen Vorteil durch solche Normierungen sehen wir nicht.[7])

Doch bevor wir uns hier weiter in die Beschreibung und Erfassung von Sprache mit Hilfe von grammatischen Modellen[8] verlieren, muss der Gesichtspunkt, dass die Kognitionsverarbeitung die entscheidende Basis für die Sprachentwicklung ist, genauer untersucht werden. Dazu ist es hilfreich, sich einen exakt abgegrenzten Umweltbereich und seine Erfassung durch Sprache anzuschauen.

Als Beispiel dafür können hier die Sprache und die Modelle der Chemie dienen, wie sie sich im „Periodensystem der Elemente" widerspiegeln.

In jedem Chemiesaal hängt diese Tafel mit wohlgeordneten Buchstaben und Zahlen. Die chemischen Elemente darauf sind nach ihren Atomkernen und den darum herumschwirrenden Elektronen in unterschiedlichen Gruppen zusammengestellt. Aus dem Aufbau der Atome lässt sich folgern, zu welchen Molekülen sie verbunden werden können.

Der tatsächliche Bau der Atome und Moleküle ist nur mit hohem technischen Aufwand sichtbar zu machen, weil dabei winzigste Strukturen erfasst werden müssen. In Form von Modellen kann dies aber verdeutlicht werden. Aus diesen Modellen und den Ordnungen im Periodensystem können chemische Prozesse in Form von Formeln erläutert und vorhergesagt werden. Etwas vereinfacht gesagt, funktioniert das, als hätte man eine Art Baukasten, mit dem neue Stoffe zusammengesetzt oder wieder auseinander genommen werden.[9]

Es liegt auf der Hand anzunehmen, dass die Zeichen und Modelle der Chemie eine sehr spezielle, auf einen bestimmten Bereich ausgerichtete Sprache sind. So wie bestimmten Umweltbereichen im Rahmen des Spracherwerbs und Kognitionsentwicklung zusätzliche Merkmale zugeordnet werden, geschieht das auch in der Chemie.

Damit dürfte jetzt deutlich sein, welche Funktion Sprache über die Abbildung der Kognitionsstrukturierung hinaus hat: Sie ist ein *Werkzeug*, mit dem Dinge erfasst und abgebildet werden können, die ohne sie nicht erfassbar wären. Ohne das Werkzeug und die Abbildungsmöglichkeit Sprache ist das System der chemischen Elemente nicht erfassbar. Das eigentliche System verbirgt sich in dem Aufbau der Atome und in ihrer Zusammensetzung zu Molekülen. Nicht die Buchstaben und Zahlen des Periodischen Systems der Elemente auf den Tafeln im Chemiesaal sind das System, sie sind nur das Abbild (und die Zugriffsmöglichkeit) für das systemhafte Zusammenspiel der Atome und Moleküle.

Diese Schilderungen am Beispiel der „Sprache der Chemie" lassen sich ohne weiteres auf die allgemeine Sprachfähigkeit übertragen. Die Beobachtungen bei Kindern zeigen, dass die Erfassung und Strukturierung der Umwelt die eigentliche Basis für ihre Abbildung durch die Sprachzeichen darstellt. Allerdings kann nicht geleugnet werden, dass durch den Werkzeugcharakter der Sprache die Kognitionsvorgänge erheblich vorangetrieben werden. So wie in der Chemie mit dem Werkzeug Sprache Dinge gehandhabt werden, die wir gar nicht direkt wahrnehmen (die winzig kleinen Atome und Moleküle) können wir mit der allgemeinen Sprache Vorstellungen konstruieren, die wir noch nicht erlebt haben. Kinder setzen schon früh einzelne Kognitionselemente (Wörter, Verbindungselemente, Regeln) neu zusammen, erfinden Abläufe (Geschichten), die es nur in ihren Gedanken[10] gibt, aber durch Sprache ausgedrückt werden. Wobei diese Gedanken die Kognitionserfahrungen widerspiegeln. So kann auch die allgemeine Sprache wie ein Baukasten betrachtet werden, der Neues schafft. – Also doch ein System Sprache?

Bevor dieser Frage nach der Systemhaftigkeit von Sprache weiter nachgegangen wird, ist es sinnvoll kurz zusammen zu fassen, was die Beobachtungen an dem genau eingegrenzten Bereich Chemie in Bezug auf die beiden Gedanken „Werkzeug" und „Abbildung" nahe legen:

Wie schon der Zeichengebrauch ist auch der Werkzeuggebrauch beim Menschen nichts neues, sondern baut auf Leistungen, die sich schon bei Tieren beobachten lassen, auf. [11]

Einen Werkzeuggebrauch bei Menschenaffen (Schimpansen) stellte schon Wolfgang Köhler[12] in den zwanziger Jahren des vorigen Jahrhunderts fest. Er schaffte Kisten, die übereinander gestapelt werden konnten, in das Gehege der Tiere. Dann befestigte er Bananen so hoch außerhalb der Reichweite der Affen, dass sie nicht zu greifen waren. Nach kurzer Zeit stapelten die Tiere die Kisten aufeinander und gelangten zu den Bananen. Ähnliches bewerkstelligten die Schimpansen auch mit Stöcken, die ineinander gesteckt und so verlängert werden konnten. Damit zogen sie außerhalb ihres Käfigs platzierte Früchte zu sich heran.

Jahrzehnte später entdeckte Jane Godall[13], dass auch wildlebende Schimpansen Werkzeuge benutzten. Beispielsweise richteten sie kleine Zweige zurecht und angelten sich damit Termiten aus ihren Bauten. Damit belegte sie, dass nicht nur in einer künstlichen Laborsituation wie bei Köhler ein Werkzeuggebrauch bei Tieren nachweisbar war, sondern auch bei vom Menschen unbeeinflussten Affen zu beobachten ist.

Wichtig ist in diesem Zusammenhang, dass die Affen nicht „planlos" an die Lösung der Aufgaben mit Hilfe von Werkzeugen gingen, sondern, das legt die Beobachtung des Verhaltens nahe,

„überlegten" bevor sie zielgerichtet die Kisten übereinander stapelten. Sie saßen regungslos vor dem Problem, ihre Augen gingen hin und her zwischen Kisten und Banane, bis sie erfolgreich handelten. (Wie diese inneren Leistungen – die Verarbeitungsleistungen des Gehirns – beschrieben werden können, kann erst in den folgenden Kapiteln (vor allem im 5. Kap.) erörtert werden. Das Beispiel dient hier nur dafür um zu zeigen, dass tierische Verhaltensleistungen vergleichbar mit menschlichen sind.)

Natürlich zeigen im Laufe des Heranwachsens Menschen dann schnell Leistungssteigerungen im Umgang mit Werkzeugen, an die kein Affe herankommt. Ein größeres Gehirn bringt eben bessere Verarbeitungs- und Differenzierungsmöglichkeiten mit sich. Wichtig ist hier vor allem, dass das Prinzip Werkzeuggebrauch schon früh in der Evolution auftaucht.[14]

Wie das Beispiel Periodensystem der Elemente nahelegt, ist die Unterscheidung zwischen den Ausdrücken „Werkzeug" und „Abbildung" kaum möglich. Die Abbildung (das zusätzliche Merkmal) dient gleichzeitig auch als ein Werkzeug. Ohne die Zuordnung eines zusätzlichen Zeichens ist aber auch die Erfassung und Strukturierung von vielen Umweltbereichen kaum möglich, und so können natürlich auch schon vom Kind komplexere Probleme gemeistert werden, als Affen es je könnten.

Entsprechend muss der Begriff Sprache weiter gefasst werden und darf nicht auf die akustischen Signale oder grafischen Symbole eingeschränkt werden. *Es muss angenommen werden, dass jede Form von technischen oder wissenschaftlichen Abbildungen und Modellbildung letztlich auf der Sprachfähigkeit beruhen. Die Zeichnung eines Architekten oder die Konstruktionszeichnung für eine Maschine sind sprachliche Akte, die in diesen Fällen für den Werkzeugcharakter der Sprache stehen.*

Damit beantwortet sich jetzt auch die Frage, die wir zu Beginn des zweiten Kapitels stellten: Wir beschreiben und analysieren Sprache mit Hilfe der Sprache, weil Sprache ein Werkzeug ist, das wir benutzen können, um Sprache zu untersuchen.[15]

Wenn ein Kind einmal entdeckt hat, dass jeder Eindruck mit einem zusätzlichen Merkmal versehen werden kann, der für den gesamten Eindruck steht, dann kann das auf alle Erscheinungen und Abläufe übertragen werden. Das ist am Anfang, im Vorschulalter, im wesentlichen auf die direkte Wahrnehmungsbeschreibung beschränkt, aber kann auch – wie schon kurz angedeutet – als eine Art Modellbaukasten benutzt werden. Entsprechend sind Kinder schon früh in der Lage Erzählungen zu verstehen und selber phantasievolle Neukombinationen zu erfinden, etwas nur „Gedachtes"[16] zu entwickeln.

So erklärt sich auch die Frage nach der Systemhaftigkeit von Sprache, hier ausdrücklich erst einmal nur bezogen auf die ersten Jahre des Spracherwerbs: Die Umwelt wird immer genauer strukturiert und mit Hilfe des Werkzeugs Sprache erfasst. *Das eigentliche System liegt also in der Strukturierung der Umwelt, ist also eine Folge der Kognitionsvorgänge.* (Korrekter wäre es deshalb, statt von Sprachentwicklung und Spracherwerb, von der Widerspiegelung der Entwicklung der Kognitionsleistungen zu sprechen. Aus praktischen Gründen werden wir weiter die herkömmlichen Ausdrücke verwenden, allerdings in dem Bewusstsein, dass sie für die Kognitionsentwicklung stehen.)

Aus der Sicht des Erwachsenen scheint Sprache dagegen ein eigenständiges System zu sein. Es erscheint als ein Gedankengebäude, mit dem sich die vielfältigsten Konstrukte entwerfen lassen. Das Spektrum reicht dabei von der Erfassung naturwissenschaftlicher Zusammenhänge über die Schilderung philosophischer Gedanken bis hin zum Kunstmittel bei der Produktion von Lyrik. Dieser Gegensatz zwischen dem frühkindlichen Sprachverhalten und den Leistungsmöglichkeiten des Erwachsenen kann erst in den nächsten Kapiteln erläutert werden. Es muss zuvor geschildert und erörtert werden, was etwa ab dem Schulbeginn bis hin zum Jugendlichen nach der Pubertät noch alles gelernt wird und sich im Sprachverhalten verändert.

Zusammengefasst:

Die Sprachentwicklung in den ersten Lebensjahren zeigt, dass Sprache sich aus einer Fülle von unterschiedlichen Fähigkeiten zusammensetzt. Als wichtigstes sind die Ko-

gnitionsleistungen – die Erfassung und Strukturierung der wahrgenommenen Umwelt – zu nennen. Dabei ist es nicht nötig, die gesamte Kategorie wahrzunehmen, es reicht ein Teil aus, um etwas zu erkennen und es können einem Eindruck neue Merkmale hinzugefügt werden, die für sich erkannt wieder so wirken, als sei die gesamte Kategorie wahrgenommen worden.

Wahrnehmung und ihre Strukturierung spielen sich im zeitlichen Ablauf – also in vier Dimensionen ab – wobei diese Abläufe (Beziehungen) wieder zu Kategorien werden.

Das sprachliche Zeichen wird bei der Kognitionsverarbeitung wie ein Werkzeug gebraucht, das die Strukturierung der Umwelterfassung und -erforschung oft erst möglich macht.

Wir haben zu Beginn des 2. Kapitels auf die Problematik der Sprachursprungstheorien hingewiesen. Wenn unsere Darlegung hier richtig ist, dann stellt die Sprachfähigkeit nicht etwas grundsätzlich Neues dar. Es gibt also gar keinen eigenständigen Sprachursprung, da alle Bausteine, aus denen sprachliches Verhalten besteht, schon bei Tieren beobachtbar sind. Im Rahmen der Evolution haben sich die Möglichkeiten des Menschen lediglich quantitativ gesteigert. Da wir allerdings bis jetzt ausdrücklich nur die Entwicklung bis etwa zum Vorschulkind betrachten, stellt sich die Frage, ob im weiteren Verlauf von Kindheit und Jugend nicht doch entscheidende Dinge geschehen, die eine andere Bewertung sprachlichen Verhaltens zur Folge haben.

Dies wird in den folgenden Kapiteln dieser Arbeit zu prüfen sein.

4. Kapitel: Antriebe, Problemlösungen und Ich-Identität

Bevor der Spracherwerb und die Sprachentwicklung beim Kind ab dem Schulalter geschildert und analysiert werden können (im 5. Kapitel), ist es notwendig, sich vorweg mit drei Komplexen zu beschäftigen, ohne deren Verständnis der bewusste Sprachgebrauch nicht erfassbar sein wird. Es handelt sich einmal um das „Bündel" an Antrieben und Wertungen, die zum Handeln von Tier und Mensch führen, zum zweiten um die Möglichkeit Probleme zu lösen, also Denk- und Intelligenzleistungen zu zeigen und drittens um die Fähigkeit sich selbst als eigenständige Identität zu begreifen.

Bei der Beschreibung und Analyse von Denk- und Sprachmöglichkeiten gibt es ein grundsätzliches Problem: Die verschiedenen kognitiven, die Denk- und Sprachmöglichkeiten sind eng miteinander verwoben und eigentlich nicht voneinander zu trennen. Dies gilt in besonderen Maße auch für die drei Komplexe, die im Folgenden analysiert werden sollen. Aus praktischen Gründen – um die verschiedenen Bausteine zu verstehen, aus deren Zusammenspiel höhere geistige Fähigkeiten möglich werden – muss eine solche Trennung dennoch erfolgen. Erst dann lassen sich auch später (im 5. und 6. Kapitel) Modelle entwickeln, die die menschlichen Leistungen erfassen.

Zu den Antrieben:
Dieser Problemkreis beschäftigt sich mit der Frage: was treibt Organismen[1] an zu agieren? Wobei agieren meint, auf innere Antriebe oder äußere Reize zu reagieren. Also auf Grund von Stoffwechselvorgängen oder Erinnerungen tätig zu werden oder dies mit aktuellen Sinneseindrücken zu verbinden, die dann der Auslöser für eine Handlung sind.[2]
Der Begriff „Antriebe" wird hier als übergeordneter Ausdruck verwendet im Sinne der Beschreibung von Ursachen des Verhaltens. (Entsprechend werden Begriffe wie Motivationen, Wertun-

gen, Emotionen usw. darunter zusammengefasst und synonym gebraucht.)

In der Literatur der verschiedenen Fachgebiete wird das Problemfeld mit den unterschiedlichsten Begriffen und Theorien beschrieben. Es wird von Trieben, Instinkten, Motivationen oder Werthaltungen und vielem anderen mehr gesprochen.

Die Vielfalt der Ansätze erklärt sich dadurch, dass sich vor allem recht unterschiedliche Fachgebiete mit dem Komplex beschäftigen: Zum Beispiel die auf die Behandlung Kranker ausgerichtete Psychoanalyse und -therapie im Rahmen der Psychiatrie und klinischen Psychologie, weiter ist die allgemeine und besonders die Entwicklungspsychologie an dem Problemkreis interessiert, und nicht zuletzt wird die Thematik von der vergleichenden Verhaltensforschung beschrieben.

Darüber hinaus beschäftigen sich eine Reihe weiterer Fächer mit Antrieben des Menschen im weitesten Sinne. Für die Soziologie über die Wirtschaftswissenschaften bis zur Politologie gehören diese Fragen zu ihren Grundproblemen.

Entsprechend der Zielsetzung dieser Arbeit versuchen wir auf den einfachsten, ursprünglichsten Grundlagen aufzubauen. Deshalb wird hier auf komplexere Theorien und damit verbundene Begriffe nicht eingegangen, sondern es werden die Antriebe, wie sie sich schon bei Tieren aber auch beim Menschen zeigen, geschildert.

Ein einfaches Beispiel dafür ist das Durstgefühl, dessen Schilderung und Analyse in der Physiologie[3] hier als Basis für die Darstellung der Motivationen dient:

Der Salzgehalt des Blutes ist entscheidend dafür, ob ein Individuum Durst hat oder nicht. Messfühler sind ständig im Einsatz und melden an das Gehirn den Stand der Dinge. Im Experiment kann man das überprüfen. Wenn eine Kochsalzlösung mit einem zu hohen Salzanteil in die Blutbahn gelangt, entsteht sofort Durstgefühl. Dieses Durstgefühl lässt sich rasch durch eine Lösung rückgängig machen, die das Blut wieder verdünnt. Weiter im Spiel sind Fühler, die die Schlucktätigkeit und die Füllung des Magens messen.

Eine zu hohe oder zu niedrige Salzkonzentration im Körper würde das Lebenssystem zusammenbrechen lassen. Spezielle Abteilungen im Gehirn sammeln deshalb ständig die einzelnen Informationen über die Salzkonzentration und leiten Gegenmaßnahmen ein, wenn bestimmte Grenzwerte verletzt werden. Solche Reaktionen äußern sich als Gefühl, es entsteht der trockene Eindruck im Mund und der Drang (Motivation, Antrieb) Flüssigkeit zu sich zu nehmen.

Überall im Körper messen Rezeptoren den jeweiligen Zustand verschiedenster Organe und die Stoffzusammensetzung der Körperflüssigkeiten und melden die Daten an das Gehirn weiter. Ob es sich nun um Hunger, Durst, Wärme, Kälte oder die vielen anderen Faktoren zur Aufrechterhaltung des körperlichen Gleichgewichtes handelt, solche Regelkreise halten das Lebenssystem in Gang.

Im Grunde funktioniert das Zusammenspiel ebenso wie die computergesteuerte Zentralheizung in einem großen Gebäudekomplex. Sensoren melden die Raumtemperatur in den verschiedene Wohn- oder Geschäftseinheiten an den steuernden Zentralcomputer, der dann entsprechend verschiedene Schieber und Ventile öffnet oder schließt und den Brenner reguliert.

Über diese einfachen Beispiele hinaus gibt es eine Fülle weiterer Antriebe, die nur sehr schwer oder gar nicht in Form einfacher Regelkreise beschrieben werden können. Damit sind hier beispielsweise Antriebe gemeint, die aufgrund „zentralnervöser Erregung" ablaufen. Konrad Lorenz hat dies vor langer Zeit am Beispiel eines Stars geschildert, der plötzlich Verhaltensabläufe (Fliegen-fangen) zeigte, ohne dass dafür ein äußerer Anlass erkennbar war[4]. Der in einem Zimmer gehaltene Vogel benahm sich, als hätte er eine Fliege entdeckt, fing diese imaginäre Beute und vollführte sogar Schluckbewegungen.

Aus diesen und vielen anderen Beispielen und dann auch der Untersuchung von Nervengewebe wurde abgeleitet, dass nicht nur durch die verschiedensten Messfühler, sondern auch durch Abläufe im Gehirn selbst Aktivitäten ausgelöst werden. Die Vorgänge lassen sich mit einem Uhrwerk vergleichen, das durch eine Feder, Batterie oder sonst irgendetwas angetrieben wird. Im Falle des Gehirns sind die verschiedensten Stoffwechselvorgänge dafür verantwortlich. Sie führen dazu, dass eine Weile nicht abgefragte Handlungsabläufe in Gang gesetzt werden. Bei Menschen zum Beispiel sind so möglicherweise manche sexuelle Verhaltensweisen erklärbar.

Entsprechend der Komplexität dieser Abläufe sind die verschiedensten Theorien dazu entwickelt worden. Für die Zusammenhänge, die in hier im Mittelpunkt stehen – also die Kognitionsverarbeitung und darauf aufbauend die Sprachentwicklung – ist es nicht notwendig genauer auf beispielsweise biologisch-psychologischeTriebtheorien[5] einzugehen oder andere Ansätze zu Handlungsmotivationen zu schildern. Vielmehr kann das Wechselspiel zwischen Antrieben und Kognitionsverarbeitung am besten an einem grundlegenden Beispiel, dem Neugierverhalten, erläutert werden.

An Rabenvögeln hat wieder Konrad Lorenz[6] als einer der ersten beschrieben, wie junge Tiere ihre Umgebung untersuchen, erobern und dabei einordnen: Höchst vorsichtig nähern sich die Tiere einem neuen Gegenstand. Zuerst wird ein kräftiger Hieb ausgeteilt, danach schnell wieder Abstand gesucht, um sicher zu gehen, ob auch wirklich keine Gefahr besteht. Dann wird vorsichtshalber die unbekannte neue Erscheinung noch einmal auf die charakteristische Rabenart tot geschüttelt, bevor der Reihe nach untersucht wird, ob sich die Sache zum Essen oder zu sonst irgendetwas eignet. Die Vögel probieren dabei Schritt für Schritt ihr angeborenes Verhaltensrepertoire aus. Je nachdem welche ihrer Handlungen zum Erfolg führen, erhielt die neue Erscheinung eine entsprechende Einordnung – Wertung oder Gefühl.

Der Zoologe Jakob von Uexküll[7] sprach in vergleichbarem Zusammenhang davon, dass die Gegenstände so zum Beispiel einen „Gefahr-Ton" oder einen „Nahrungs-Ton" erhalten. Wenn die Einordnungsphase erst einmal abgeschlossen ist, dann läuft bei einer erneuten Begegnung mit dem jetzt vertrauten Gegenstand das Verhalten weitgehend automatisch ab.

Ein anderes bekanntes Beispiel für den Aufbau von Wertungen stammt von dem russischen Forscher Iwan Petrowitsch Pawlow. Pawlow hatte immer, wenn er seinem Hund zu fressen gab, eine Glocke geläutet. Nach kurzer Zeit genügte das Ertönen der Glocke, um das Tier ausgesprochen fressgierig zu machen. Ihm lief beim Glockenklang buchstäblich das Wasser aus dem Maul, ganz so als sähe es tatsächlich sein Futter. Der Glockenton war für den Hund fest mit der Möglichkeit, etwas zu fressen zu bekommen, verbunden.[8]

Neugierverhalten und die damit verbunden Wertung von Wahrnehmungseindrücken findet sich vor allem in den Jugendphasen vieler Vögel und Säugetieren, vor allem bei „unspezialisierten" Tieren. Unspezialisierte Tiere sind Geschöpfe, die nicht mit einem weitgehend vollständigen, angeborenen Verhaltensrepertoire auf ihre Umwelt reagieren, sondern sich die Reaktionen erst erarbeiten müssen. Ein Beispiel dafür bilden die verschiedenen Rattenarten. Da sie nicht an eine spezielle Umwelt angepasst sind, überleben sie (ebenso wie der Mensch) in den unterschiedlichsten Klima- und Vegetationszonen.

Das Neugierverhalten hat einen Doppelcharakter. Auf der einen Seite ist es ein Antrieb, führt aber dazu, dass Kognitionseindrücken Wertungen hinzugefügt werden und diese Wertungen wirken dann wieder als Antrieb. Bei Menschen ist Neugierverhalten häufig bis ins hohe Alter beobachtbar. Entsprechend können Wertungen und Motivationen lange im Leben neu erworben und mit gewissen Einschränkungen auch wieder korrigiert werden.

Bei Menschenaffen und natürlich dann beim Menschen ist das Neugierverhalten besonders ausgeprägt. Schon das Kind im ersten Lebensjahr untersucht neue Gegenstände früh und intensiv. Es versucht die verschiedensten Handlungen daran auszuführen, führt sie zum Mund, lutscht daran oder klopft damit auf den Boden.

Die persönlichen Erfahrungen mit Umwelteindrücken führen aber auch dazu, dass die gleichen Eindrücke von Kindern völlig unterschiedlich gewertet werde. Das beste Beispiel dafür ist der Umgang mit Tieren, beispielsweise Hunden. Je nach den Erlebnissen eines Menschen können Hunde als bösartige Bedrohung oder begehrte Spielobjekte erscheinen, wobei solche Wertungen ein Leben lang anhalten können.

In diesem Zusammenhang stellt sich die Frage, wie weit tatsächlich besonders in Kindheit und Jugend erlernte Motivationen und Wertungen wieder verändert werden können. Am Beispiel der Angst vor Hunden wird das möglicherweise deutlich. Eine solche Phobie ist oft nur durch intensive psychotherapeutische Behandlungsformen zu beheben. Erst recht gilt dies für komplexere Wertungen, die im Rahmen von Ideologien, Religionen oder anderen gesellschaftlich bedingten Zusammenhängen erlernt wurden. Diese Art von Wertvorstellungen sind kaum veränderbar. Auch wenn sie sprachlich ausgedrückt werden können sind sie aber dadurch nur schwer zu relativieren oder gar zu korrigieren.

Diese Beispiele belegen wieder, dass sprachliche Zeichen nur zusätzliche Merkmale für umfangreiche kognitive Zusammenhänge sind, die meist nicht durchschaut werden.

Zu den komplexeren Motivationen, die hier wenigstens kurz gestreift werden müssen, weil sie im letzten 7. Kapitel noch einmal zur Sprache kommen, gehören auch die Antriebe, die soziales Verhalten steuern. In Gruppen lebende Tiere zeigen ausgeprägte Rangordnungen, die schon bei Vögeln in Form von Hackordnungen aber erst recht bei in Gruppen lebenden Menschenaffen zu beobachten sind.

Auch beim Menschen sind solche Rangordnungen schon im Kindergartenalter zu beobachten. In der Schulzeit werden diese Strukturen immer ausgeprägter. Ohne äußere Einflüsse (Erziehung) kann ein solches Verhalten zu bösartigen Erscheinungen führen, dies zeigt sich vor allem bei Jugendlichen, erhält sich aber natürlich auch bei Erwachsenen.[9]

Wichtig in diesem Zusammenhang ist, dass es zwar offensichtlich eine genetische Basis für das Herausbilden von Rangordnungsstrukturen gibt, aber durch Lernvorgänge das Verhalten modifiziert werden kann. Die Beobachtungen bei den Menschenaffen zeigten, dass nicht allein das Aggressionspotenzial die Position innerhalb einer Rangordnung bestimmt, sondern sich die persönliche Erfahrung auswirkt.

So konnte bei Affen beobachtet werden, dass sich mehrere alte Tiere zusammentaten und so gemeinsam einzelnen weitaus stärkeren Tieren gewachsen waren. Jane Goodall berichtet, dass ein Affe entdeckt hatte, dass er mit leeren Kanistern einen gewaltigen Lärm erzeugen konnte vor dem sich die anderen Tiere fürchteten. Obwohl dieser junge Affe körperlich Älteren unterlegen war, gelang es ihm damit einen hohen Rang innerhalb der Gruppe zu erreichen. Die Verhaltensforschung spricht in solchen Fällen von einer Lern-Instinkt-Verschränkung.

Über das Beispiel der Herausbildung von Rangordnungen hinaus gibt es viele weitere Fälle von genetisch bedingten Verhaltensformen. Beschwichtigungsgesten, sexuelle Verhaltensweisen und vieles mehr müssen dazu gerechnet werden. Immer muss dabei berücksichtigt werden, dass im Verlauf von Kindheit und Jugend die angeborenen Verhaltensstrukturen durch Erziehung, Konventionen und Erfahrungen modifiziert werden können.

Im dritten Kapitel dieser Schrift wurde geschildert, dass die Wahrnehmung und ihre Strukturierung (die Kognitionsverarbeitung) ein vierdimensionales Geschehen ist, aus dem sich die Merkmalskombinationen (Begriffe), die mit einem Sprachzeichen verbunden sind, zusammensetzt. Jetzt muss festgestellt werden, dass mit den Wertungen eine Art weitere Dimension hinzu kommt.

Das sprachliche Zeichen als zusätzliches Merkmal zu einem Raum-Zeit-Geschehen steht also auch für damit verbundene Wertungen. Und natürlich können diese Wertungen dank des Werkzeugcharakters des sprachlichen Zeichens isoliert benannt und analysiert werden (analog zu der Isolierung von Zeitabläufen und Beziehungen). Wobei Kinder diese Möglichkeit der umfassenden Analyse beziehungsweise Abstraktion erst recht spät entwickeln (in der Regel erst nach der Pubertät, das wird im nächsten, dem 5. Kapitel beschrieben und analysiert). Kinder schildern deswegen auf entsprechende Fragen nach Gefühlen immer konkrete Erfahrungen. Entsprechend ist die Reflexionsfähigkeit und Korrektionsmöglichkeit von Gefühlen (Wertungen, Handlungsantrieben) je jünger Kinder sind desto schlechter.

Zusammengefasst:

Das Feld der Motivation, Wertungen und Antriebe ist außerordentlich umfassend. Es ist hier weder möglich noch notwendig, diesen gewaltigen Komplex auch nur einigermaßen in seiner Vielfalt wider zu geben. Für die hier im Mittelpunkt stehende Beschreibung von Sprache genügt es festzuhalten, dass dieser Bereich bei jedem Kognitionsvorgang eine Rolle spielt und so das Verhalten bestimmt. Entsprechend ist auch jeder mit einem sprachliche Zeichen verbundene Ausdruck einzuordnen. Das bedeutet: bei der Schilderung und Analyse von sprachlichem Verhalten muss nicht nur die dahinter stehende Kognitionserfahrung, sondern auch die damit verknüpfte Wertung berücksichtigt werden.

Denken und Intelligenz:
Auch das Stichwort Intelligenz steht wie der Komplex Antriebe für ein breites Spektrum der unterschiedlichsten Verhaltensformen. Entsprechend gibt es eine Vielzahl an Ansätzen und Definitionen dazu. Hier wird der Begriff „Intelligenz" als Oberbegriff für die verschiedensten Denk- und Reflexionsmöglichkeiten verstanden.[10] Wobei wir im Folgenden nur einen minimalen Ausschnitt aus dem weitem Feld intelligenter Leistungen schildern werden. Es kommt vielmehr darauf an, Grundstrukturen zu beschreiben, die dann im nächsten Kapitel dieser Arbeit etwas erweitert und in größere Zusammenhänge eingeordnet werden.

Am einfachsten kann man sich diesem Feld nähern, wenn man von konkreten Fallbeispielen zu Problemlösungen ausgeht, zum Beispiel der Entdeckung eines Umweges um ein Hindernis: Wenn man sich weit in der Evolution zurückliegende Wirbeltiere anschaut – z.B. Knorpelfische (dazu gehören Haie) – dann lässt sich beobachten, dass diese Fische vor einem durchsichtigen

Hindernis (eine Wasserpflanze oder einem Drahtgitter) hinter dem eine Beute platziert wurde, scheitern. Immer wieder stoßen sie in das Hindernis hinein und finden allenfalls durch Zufall den Weg darum herum. Nur wenige Entwicklungsschritte weiter (bei den Knochenfischen z. B. einem Stichling) wird dieses Problem auf Anhieb gelöst.

Der Hintergrund für diese Leistungssteigerung liegt in einem vergrößerten Gehirn, mit dem eine bessere Kognitionsverarbeitung mögliche ist. Die Umwelt wird differenzierter wahrgenommen und die Beziehungen zwischen einzelnen Erscheinungen besser verstanden (verrechnet).

Parallel zur Entwicklung im Rahmen der Evolution (im Sinne der schon erwähnten Haeckelschen Grundregel) verhalten sich auch Kinder. Im Laufe des Heranwachsens entwickeln sie immer bessere Möglichkeiten Probleme, beispielsweise beim Finden eines Umweges, zu lösen.

Ein alltägliches Beispiel ist dafür das Verhalten von Kindern im „Krabbelalter", also in der zweiten Hälfte des ersten Lebensjahres: Sie erkunden auf allen Vieren voran tapsend die Welt. Vor sich, zum Greifen nahe, entdecken sie ein begehrtes Spielzeug. Wenn jetzt die Beinkonstruktion eines Tisches mit engen Quer-Verstrebungen den Weg versperrt, tappen sie geradewegs da hinein, bleiben stecken und fangen jämmerlich an zu schreien. Wenn sie dann vom Erwachsenen befreit und auf den Ausgangspunkt zurück gesetzt werden, marschieren sie sofort aufs Neue los, um sich wieder fest zu klemmen. Ihr Verhalten gleicht dem des geschilderten Knorpelfisches.

Nur wenige Wochen später gelingt es Kindern auf Anhieb ein vergleichbares Problem zu lösen: Ohne langes Überlegen, nach einem kurzen Blick auf die Situation, schafft jetzt der junge Mensch den Weg um das Hindernis herum zum Ziel. – Die Reifung des kindlichen Gehirnes mit seinen besseren Verrechnungsmöglichkeiten spiegelt die Entwicklung des zentralen Nervensystems im Laufe der Evolution wieder.

Auf den ersten Blick scheint diese Leistungssteigerung gering zu sein. Tatsächlich müssen Fisch wie Kind eine ganze Reihe von Faktoren miteinander in Bezug setzen. Da ist zuerst das Erkennen der Beute hinter dem Hindernis, dadurch wird ein Antrieb ausgelöst, sich damit zu beschäftigen. Weiter muss das Hindernis differenziert erkannt werden. Es muss ein rudimentäres Selbstverständnis vorhanden sein, um den Umweg zu finden, also sich selbst auf eine bestimmte Art und Weise zu bewegen. Die Lösung zu finden setzt voraus, dass die verschiedenen Faktoren zumindest kurzzeitig aus der augenblicklichen Wahrnehmung „heraus genommen" werden. Wie dabei die tatsächlichen Abläufe im Gehirn funktionieren, ist bis jetzt unbekannt. Es muss angenommen werden, dass im Rahmen des Kurzzeitgedächtnises diese Verarbeitung und Problemlösung abläuft. (Dies wird im folgenden im 5. Kap. genauer analysiert.)

Wieweit schon Tiere nicht nur einfache Umwege, sondern komplexere Probleme meistern, zeigt der Blick auf Menschenaffen[11].Vor allem die Beobachtung von Schimpansen in ihrer natürlichen Umgebung ist aufschlussreich. Hier hat wieder Jane Goodall als erste wichtige Entdeckungen gemacht.

Die Forscherin hatte an ausgewählten Plätzen Bananen in Bäumen und Büschen verteilt. Bananen waren bei den Affen außerordentlich begehrt. Damit gewöhnte sie die Schimpansen an diese Plätze. Die kamen regelmäßig dorthin. Ihr Verhalten konnte so studiert werden.

Eines Tages beobachtete Goodall[12] einen jungen rangniedrigen Affen, der offensichtlich eine Banane in einem Baum entdeckt hatte. Aber genau unter diesem Baum hatte es sich der Chef der Gruppe bequem gemacht. Die Forscherin sah, dass die Augen des jungen Schimpansen zwischen der Banane und dem alten Affen hin und her gingen, das Tier rührte sich aber nicht von der Stelle. Offensichtlich war dem Jugendlichen klar, dass wenn er los laufen würde, sofort auch der Alte die Banane entdecken und sie greifen würde. Schließlich wandte sich der Junge ab, vermutlich um sich nicht durch Blicke zu verraten. (Schimpansen sind in der Lage aus den Augenbewegung anderer zu erkennen, wohin diese schauen.) Erst als sich der Alte fort bewegte und in sicherer Entfernung war, schoss der Junge heran und holte sich die Banane. (Das genaue Alter des Tieres ist von Godall nicht angegeben worden. Vergleichbare Aufgaben oder Probleme können Menschenkinder erst im Alter von fünf oder sechs Jahren lösen.)

An diesem Beispiel zeigt sich, dass das Tier eine Fülle von Informationen miteinander in Bezug setzen muss, um Erfolg zu haben: Die Verhaltensweisen des alten Affen müssen erlebt, bewertet und vorhergesagt werden. Im Rahmen von Kognitionsvorgängen, die dem eigentlichen Problem vorausgingen musste der alte Affe bereits eingeordnet worden sein (er ist u.a. mit der Wertung „Furcht" verbunden). Der eigene Impuls (Antrieb), sofort los zu gehen und sich die Banane zu holen, war zu unterdrücken. Auch wenn der Schimpanse die Banane nicht mehr im Blick hat, muss er die Angelegenheit doch so fest im Gedächtnis haben, dass er losgeht, sobald die Chance gut stehen. Godall berichtete, dass der junge Affe fünfzehn Minuten wartete, bis der Alte verschwunden war. Es wird dadurch deutlich, dass die „innere Verrechnungsebene" erheblich leistungsfähiger geworden ist, als bei Tieren, die stammesgeschichtlich älter sind. (Wieweit hier schon von Bewusstseins- oder Selbstreflexionsabläufen gesprochen werden muss, kann erst im nächsten 5. Kapitel geklärt werden.)

Ähnlich wie ein Menschenkind wäre ein Schimpansenkind mit dieser Aufgabe überfordert. Bei Mensch wie Affe spiegeln sich im Laufe der Kindheit die Leistungssteigerungen die Ablauf der Evolution erreicht wurden, wieder.

Nicht zuletzt kann an diesem Beispiel festgestellt werden, dass ein ausgeprägtes Selbstverständnis (Ich-Identität) vorhanden sein muss, um dieses Problem zu lösen. Auch diese Fähigkeit hat sich im Laufe der Stammesentwicklung immer besser herausgebildet. Dies lässt sich im Rahmen der Persönlichkeitsentwicklung des Kindes recht genau nachvollziehen.

Zur Ich-Entwicklung:

Hin und wieder kommen Babys mit bereits recht langen Haaren auf die Welt. Dann geschieht immer wieder die gleiche Geschichte: Die kleinen Geschöpfe erwischen mit ihren ziellos bewegten Händchen ihre eigenen Haare und packen kräftig zu. Das ist natürlich äußerst schmerzhaft, jämmerliches Geschrei ist die Folge. Dennoch wiederholt sich dieser Vorgang immer wieder, da dem Säugling noch auf lange Dauer jegliche Einsicht in Ursache und Wirkung unmöglich ist.

Die Verarbeitungsmöglichkeiten des Neugeborenengehirns sind noch so wenig ausgereift, die Wahrnehmungsfähigkeiten noch so undifferenziert, dass zwischen Tun und Erleben keine Unterscheidung möglich ist. Der Säugling kann offensichtlich nicht zwischen seinen ungesteuerten Bewegungen und den Folgen seines Handelns trennen.

Dieser Zustand hält relativ lange an. So konnten wir zum Beispiel einen Jungen beobachten, der gegen Ende des ersten Lebensjahres recht flott auf allen Vieren die Welt erkundete und dabei auf eine etwas herausstehende Schublade einer Kommode stieß. Der Knabe hatte festgestellt, dass man solche Schubladen wieder in das Möbel hereinstoßen konnte und machte sich ganz gezielt auf die Suche danach. Doch immer wieder passierte es ihm, dass er den oberen Rand der Schublade umfasste und sich beim Hereinstoßen heftig die Finger klemmte, ohne dass er die Ursache für seinen Schmerz begriff, denn er versuchte immer wieder das Hereinstoßen offener Schubladen.[13]

Im weiteren Verlauf der Kindheit wird das Verständnis von der eigenen Person immer umfassender. Dies geschieht offensichtlich Hand in Hand mit dem Aufbau der Wahrnehmungsmöglichkeiten. Ein Beispiel dafür ist die Fähigkeit sich selbst in einem Spiegel zu erkennen. Dem Menschen gelingt dies mit etwa achtzehn Monaten. Die weitaus meisten Tiere sehen dagegen in ihrem Spiegelbild einen Rivalen oder möglichen Partner. Lediglich bei Menschenaffen (und einigen Vögeln) lässt sich experimentell feststellen, dass sie sich selbst im Spiegel erkennen. Bekannt ist dafür der sogenannte Rouge-Test, bei dem die Affen einen Fleck oder Schmutz in ihrem Gesicht vor einem Spiegel entfernten.

Die enge Verknüpfung zwischen der Kognitionsentwicklung und dem Aufbau des Ich-Verständnisses zeigen Fehlleistung, die sich bei Kindern beobachten lassen: Drei- und vierjährige Kinder kann man immer wieder dabei beobachten, dass sie sich die Augen zuhalten oder eine Mütze bis über die Nase ziehen und dann vergnügt rufen: „Such mich!" Die Kinder handeln dabei streng logisch: Sie sehen nichts mehr, also sind sie verschwunden, also kann auch niemand anderes sie sehen.

Solange Lebewesen weitgehend schematisch in Form von festgelegten Reaktionen auf Reize antworten, ist es nicht notwendig, über so etwas wie ein Ich-Verständnis zu verfügen. Entsprechend existiert am Anfang des menschlichen wie tierischen Lebens kein Verständnis von der eigenen Person, kein Selbstbewusstsein. Sobald aber kompliziertere Aufgaben anstehen, muss eine Trennung zwischen innen und außen, zwischen der Umwelt und den von innen kommenden Antrieben entwickelt werden, um erfolgreich reagieren zu können. Dabei muss betont werden, dass sich bei Tier wie Mensch lediglich ein allmählicher Aufbau aus einfachen Bausteinen hin zu immer komplexeren Möglichkeiten feststellen lässt. Es kommt im Rahmen der Entwicklung zur Ich-Identität nichts grundsätzlich Neues hinzu.[14]

Dass dennoch beim Menschen eine gewaltige Leistungssteigerung festgestellt werden muss, ist natürlich auf die Sprachmöglichkeit zurückzuführen. Probleme müssen nicht individuell gelöst werden, Menschen können in weit höherem Maße auf den Erfahrungen anderer aufbauen. Der im dritten Kapitel festgestellte Werkzeugcharakter der Sprache bietet Reflexions- und Speichermöglichkeiten, über die kein Tier verfügt. Wieweit dadurch auch eine grundsätzliche qualitative Steigerung konstatiert werden kann, ist eher fraglich und muss im 6. und 7. Kapitel nach genauer untersucht werden.

Zusammengefasst:

Schon bei der Schilderung der Kognitions- und Sprachentwicklung in den ersten drei Kapiteln dieser Schrift zeigte sich ein kontinuierlicher Aufbau vom einfachen zu immer komplexeren Möglichkeiten. Dies gilt ebenso für den Bereich: Antriebe/Motivation/Wertungen, der Problemlösung (Intelligenzentwicklung) und der Bildung von Ich-Identität. Entsprechend steht das Sprachzeichen für wahrgenomme-

ne und verarbeitete Zusammenhänge, die vieldimensional nicht nur Raum und Zeit, sondern auch Wertungen umfassen. Im nächsten Kapitel muss untersucht werden, ob sich grundsätzliche Leistungssteigerungen oder zusätzliche Faktoren beim älteren Kind und später beim Jugendlichen zeigen, die über die Möglichkeiten der Tierwelt wesentlich hinausgehen.

5. Kapitel: Der Weg zum Bewusstsein, Sprachentwicklung bis zur Pubertät

Die bisher gesammelten Beobachtungen zur Sprachentwicklung müssen jetzt mit den im vorangegangen Kapitel beschriebenen Materialien zu dem Komplex Antriebe, Problemlösungen und Ich-Identität verknüpft werden. Dies wird im Rahmen der Beschreibung der Leistungssteigerungen ab dem Schulalter geschehen. Die dabei zu beobachtenden allmählich wachsenden Fähigkeiten werden mit der Möglichkeit der Selbstreflexion (des Bewusstseins) verbunden und in Form eines Modells (einer Theorie) erläutert. Dann kann gefragt und beantwortet werden, wieweit dies der Höhepunkt der menschlichen Leistungsfähigkeit ist und ob darüber hinaus eine Steigerung denkbar wäre.

Die meisten Arbeiten zur Sprachentwicklung des Kindes enden mit dem fünften Lebensjahr. Dies gilt ebenfalls für die schon erwähnte Arbeit von Stern und Stern. Auch in neueren entwicklungspsychologischen Darstellungen wird der Spracherwerb über das sechste Lebensjahr hinaus nur selten analysiert und beschrieben.

Tatsächlich sind aber die Mechanismen des Spracherwerbs noch viele Jahre darüber hinaus wirksam. Dies zeigt sich daran, dass Kinder, die vor der Pubertät in einen neuen Sprachraum kommen, die bisher unbekannte Sprache meist schnell und vor allem akzentfrei lernen können. Offensichtlich ist der Prägungsmechanismus, der es dem Kind ermöglicht, jedem Eindruck ein zusätzliches Zeichen hinzuzufügen, noch viele Jahre aktiv. Zwar lernen ältere Kinder nicht mehr mit dieser rasanten Leichtigkeit, die bei zwei bis vierjährigen Kindern zu beobachten ist. Aber dennoch genügt das Erleben eines neuen Sprachraums, um spielerisch diese Sprache zu erwerben.

Entsprechend unterscheiden sich auch das Verständnis von Sprache und die sprachliche Kompetenz von Kindern vor der Pubertät von den Möglichkeiten des Jugendlichen und Erwachsenen. Einer der wenigen, der sich schon früh und ausführlich mit dieser Problematik beschäftigte war der Schweizer Biologe und Psychologe Jean Piaget[1]. Piaget stellte fest, dass Kinder bis zu fünf, sechs Jahren, wenn man sie danach befragt, meinen, dass der Name eines Dinges fest am Gegenstand sitze. Man brauche ein Ding nur zu betrachten, um den Namen zu erfahren. Etwas ältere Kinder (8-9 Jahren) sind dann schon in der Lage, zwischen dem Namen und einem Gegenstand (Kognitionszusammenhang) zu trennen, etwa in der Art, dass der Name im Raum schwebe und von Gott oder den ersten Menschen zugeordnet worden sei.

Mit diesen Beispielen wird das sprachwissenschaftliche Problem der sogenannten „Arbitrarität" angesprochen. Dahinter steht die Überlegung, dass die Beziehung zwischen dem Lautzeichen (Sprachzeichen) und dem Kognitionseindruck (Begriff, der Bedeutung) beliebig ist. Ein Stuhl könnte auch Tisch genannt werden und der Tisch Stuhl. Es besteht kein naturnotwendiger Zwang einem bestimmten Eindruck ein bestimmtes Sprachzeichen zuzuordnen. Diese Verbindung beruht lediglich auf den Konventionen der jeweiligen Sprachgemeinschaft.[2]

Das Verständnis dieser Zusammenhänge ist dem Kind erst nach der Pubertät möglich. Dabei baut sich diese Einsicht ganz allmählich auf, wie verschiedene Beispiele zeigen. (Diese Beispiele stammen aus der Beobachtung und Beschreibung des alltäglichen Umgangs von Erziehern und Lehrern mit Kindern und lassen sich immer wieder aufs Neue feststellen.) Der Komplex „Arbitrarität" muss deshalb jetzt genauer betrachtet werden, weil sich aus der Entwicklung dieser Fähigkeit wichtige Schlussfolgerungen zu komplexeren Denk- und Reflexionsmöglichkeiten ableiten lassen:

Kinder, die mit drei bis fünf Jahren schon über ein breites sprachliches Repertoire verfügen, sind nicht im geringsten in der Lage, ihre Fähigkeiten zu reflektieren oder zu analysieren. Es wäre absurd ein Kind dieses Alters zu fragen, ob sein Ball auch Puppe heißen könnte und die Puppe Ball. Wie oben schon im dritten Kapitel beschrieben, sind die Kinder entsprechend auch nicht fähig, wenn sie beispielsweise zweisprachig aufwachsen, von einer Sprache in die andere zu übersetzen.

Die Erklärung für dieses eingeschränkte Verhalten ist einfach. Die genetisch bedingte Lernphase, jedem Eindruck ein zusätzliches Merkmal zuzuordnen, ist in diesem Alter besonders ausgeprägt. Deshalb ist es hirnorganisch gar nicht möglich, diese angeborene Verbindung zwischen Kognitionseindruck und Sprachzeichen wieder aufzulösen. Ein Kind kann nicht zwischen Sprachzeichen und Kognitionseindruck unterscheiden oder trennen. Die Prägungsphase wirkt in diesem Alter so stark, dass sie dies verbietet. Es kann keine Einsicht in diese Zusammenhänge möglich sein, weil die übermächtigen, genetisch und hirnorganischen bedingten Sprachlernvorgänge sonst ausgehebelt würden.

Mit Beginn des Schulalters findet eine gewisse „Aufweichung" dieser festen Verbindung – zusätzliches Zeichen und Begriff (Kognitionseindruck) – statt. Verschiedene Beispiele belegen dies:

Kinder sind etwa ab diesem Alter in der Lage, von einer Sprache in eine andere zu übersetzen. Darüber hinaus gibt es ein Kinderspiel, das jetzt möglich wird. Es ist das Spiel „Verkehrte Welt". Wenn beispielsweise bei einer Autofahrt ein schneller Sportwagen vorbeizieht, können Kinder statt dessen sagen: „da überholt uns ein Trecker." Schnell wird zu langsam umgemodelt, laut zu leise, heiß zu kalt und Ähnliches wird möglich.

Ein anderes, schönes Beispiel für die wachsende Einsicht in den Zusammenhang zwischen zusätzlichem Zeichen und der Kognitionsverarbeitung findet sich bei Astrid Lindgren in den Büchern über Pippi Langstrumpf[3]. In einer der Geschichten der schwedischen Autorin erscheint Pippi eines Tages mit ihren beiden Freunden Annika und Thomas in einem Süßwarenladen und fragt die Verkäuferin: „Haben Sie Spunk?" Die dumme Frau will natürlich nicht zugeben, dass sie nicht weiß, was Spunk ist, und antwortet hochnäsig: „Spunk ist gerade ausgegangen."

Pippi und ihre Freunde haben sich den uralten Kinderspaß gemacht, Erwachsene zu foppen, indem sie noch etwas fragten, was es überhaupt nicht gibt. Das Wort „Spunk" hat keine Bedeutung.

Erst in einem Alter von etwa acht Jahren können Kinder den Witz der Geschichte verstehen und sich köstlich darüber amüsieren. Jüngere Kinder, die sonst die Geschichten von Pippi Langstrumpf gerne hören, begreifen sie nicht und fragen beim Vorlesen hartnäckig nach, was denn Spunk sei. Astrid Lindgren hat, vermutlich um jüngere Kinder nicht ratlos zu lassen, zum Schluss ihrer Geschichte einen Käfer als Spunk geschildert. (Inzwischen gibt es auch eine Süßigkeit, die den Namen „Spunk" trägt.)

Die genauen Ursachen für diese Leistungssteigerung im Verlauf der Kindheit lassen sich nicht mit Bestimmtheit feststellen. Es sind drei Gründe denkbar, die vermutlich auch miteinander verwoben sind, also zusammenspielen:

Als erstes entwickelt sich das kindliche Gehirn laufend weiter und ist zu immer komplexeren Rechenleistungen fähig. Zweitens spielt sicher eine Rolle, dass die Prägungsphase des Sprachlernens allmählich schwächer wird. Drittens muss festgehalten werden, dass Kinder mit der Schulreife beginnen, einen zweiten Zeichensatz für ihre Kognitionseindrücke zu erlernen. Sie lernen Schrift kennen. Diese grafischen Zeichen haben für Menschen, die sie beherrschen, eine ebensolche Bedeutung wie die akustischen Zeichen. Ein Mensch, der fließend Lesen gelernt hat, erhält aus einem Schriftstück denselben Eindruck wie aus einer akustischen Sprachfolge. Darüber hinaus ist für die Leistungs- und Einsichtsteigerung sicherlich auch der schon geschilderte Werkzeugcharakter der Sprache – hier der Schriftsprache – zu berücksichtigen. Mit der zusätzlichen Ebene Schrift lässt sich Sprache reflektierter und analysierender betrachten.

In diesem Alter ist aber weiterhin die Welt des Kindes durch die persönlichen Erfahrungen bestimmt. Diese auf das konkrete festgelegte Haltung zeigt sich besonders deutlich, wenn man Kinder bittet, abstrakte Begriffe zu erläutern. So beschrieb zum Beispiel die kleine Luise (sechs Jahre alt) den Tod: „Das ist, als wenn die Wurst immer weiter abgeschnitten wird und plötzlich zu Ende ist."

Die allmähliche „Aufweichung" der Verbindung zwischen dem zusätzlichen Sprachzeichen und dem Kognitionseindruck in den ersten Schuljahren bedeutet aber nicht, dass die Kinder eine

Einsicht in den Zusammenhang zwischen Sprachzeichen und den dahinter stehenden Begriff haben. Diese Fähigkeit, die Arbitrarität (Beliebigkeit der Zuordnung von Zeichen und Begriff) zu durchschauen, ist erst nach der Pubertät zu beobachten. Noch kurz vorher, bei Kindern zwischen elf und zwölf Jahren, die ansonsten sprachliche Feinheiten kaum anders als Erwachsene beherrschen, ist diese Einsicht nicht möglich, wird allenfalls als absurder Witz verstanden.

Wenn Lehrer Kindern, zum Beispiel elf bis zwölfjährigen, versuchen, Verständnis für Abstraktionsvorgänge zu vermitteln, geht das regelmäßig schief, wie wir vor Jahren an einer Hamburger Schule beobachten konnten: Das Lernziel war, einen abstrakten Begriff anhand von Verkehrszeichen bei den Kindern aufzubauen. Sie sollten begreifen, dass es willkürliche Verabredungen sind, den Verkehrsschildern bestimmte Bedeutungen zuzuordnen. Ein Stoppschild könnte genauso gut ein Vorfahrtszeichen sein. Ein Warnschild vor einem Bahnübergang ein Zeichen für gefährliche Kurven sein so weiter. Der Pädagoge wollte herausarbeiten, dass es sich dabei nur um „gedachte" Festlegung handelte.

Um dieses Ziel zu entwickeln, las er eine Geschichte von Peter Bichsel „Ein Tisch ist ein Tisch" vor[4]. Diese Erzählung handelte von einem alten Mann, der sich immer mehr von seiner Umgebung abkapselt. Dabei geht er so weit, dass er anfängt, die Dinge in seinem Zimmer mit anderen Namen zu belegen. Den Tisch nannte er Schrank, den Schrank Tür und so fort. Die Kinder amüsierten sich köstlich über die Geschichte, aber waren sich einig, dass das natürlich völliger Quatsch sei. Und als dann der Pädagoge zu seinen Verkehrsschildern kam, brach ein Sturm der Entrüstung los. Ein Stoppschild sei schon immer ein Stoppschild gewesen, das wussten sie genau. Den armen Schulmeister jedenfalls rettete nur noch das Pausenzeichen vor dem totalen Chaos.

Bedauerlicherweise gibt es unserer Kenntnis nach keine systematischen Untersuchungen, wie und wann sich die Einsicht in die Arbitrarität genau entwickelt. Nach stichpunktartigen Befragungen von Lehrerinnen und Lehrern scheint aber der Zeitpunkt rund um die Pubertät der entscheidende zu sein, da offensichtlich mit den körperlichen Veränderungen in dieser Zeit der Prägungsmechanismus des kindlichen Spracherwerbs endet.

Gleichzeitig lässt sich von diesem Zeitpunkt an mit Menschen in einer sogenannten abstrakten Weise diskutieren. Der Tod, zum Beispiel, ist nicht mehr, wie es Luise ausdrückte, vergleichbar der Wurst, die zu Ende geschnitten wurde. Jetzt kann der Jugendliche formulieren, dass der Tod als das Ende des Physischen an sich zu verstehen sei. Es können die Konstruktionen gebildet werden, die unter dem Ausdruck „Nur-Gedachtes" (Abstraktes) zusammengefasst werden. (Wir benutzen den Ausdruck „Nur-Gedachtes" jetzt noch vorverständlich. Er wird im nächsten Abschnitt bei der Erläuterung der Denkebene und des Bewusstseins erläutert.)

Ein Verdacht keimt allerdings nun auf: Bis zur Pubertät sind die sprachlichen Äußerungen des Menschen stets an die konkreten Kognitionserfahrungen geknüpft. Danach scheinen die Erfahrungen plötzlich etwas Immaterielles, nur auf einer geistigen Ebene Befindliches zu sein. Dabei hat sich vom Prinzip des Sprachaufbaus her nicht das Geringste geändert. Nur der Zugriff ist anders geworden. Mit Hilfe seiner Sinnesorgane hat der Mensch seine Umwelt erfasst. Demnach basieren alle Begriffe letztlich auf tatsächlichen Erfahrungen, auch wenn sich so manche Worte höchst kompliziert zusammensetzen (aus Abläufen, Handlungen, Beziehungen und Wertungen). Hinter einem Baumstumpf, der bei einem Picknick als Tisch benutzt wird und auch so genannt wird, steckt keine abstrakte Idee eines „Tisches als solcher"[5], sondern eine konkrete Erfahrung einer Handlung. Entsprechend stellt sich die Frage, ob diese neue sogenannte abstrakte Sprech- und Denkmöglichkeit nicht lediglich auf gesellschaftlichen Konvention oder Erziehungsprozessen beruht.

Es gibt nur wenige Berichte über Erwachsene, die nicht solche Erziehungsprozesse durchlaufen haben, also nicht über Schriftsprache oder Fremdsprachenkenntnisse verfügen. Bei ihnen scheint offensichtlich keine Einsicht in die Arbitrarität vorhanden zu sein. Schon früh hat der russischen Autor Lew Semjonowitsch Wygotski[6] diese These vertreten. Danach lässt sich bei ursprünglichen Völkern beobachten, dass die Beliebigkeit der Zuordnung von Lautzeichen und Vorstellung (Kognitionseindruck) nicht bewusst ist. Beschwörungen, bei denen durch die Aussprechung des Namens eines Gegenstandes, Tieres oder Menschen etwas bewirkt werden soll, sind entsprechend zu beobachten. Der eigene Name wird deshalb manchmal nicht verraten, damit nicht ein anderer dadurch Macht über einen Menschen bekommt.

Diese Sprachmagie lässt sich aber auch heute noch in unserem Kulturkreis beobachten. Das zeigt sich an religiösen Texten und Verhaltensweisen. Klassisches Beispiel dafür ist der Beginn des Johannesevangelium, das mit dem Satz beginnt: „Im Anfang war das Wort:" Jedem Gebet haftet dieser Glaube an die Magie der Sprache an. Darüber hinaus ist dies aber auch in literarischen Beispielen nachzuweisen. Besonders deutlich wird das in der Märchenliteratur[7]. So beginnt die Sammlung der „Kinder und Hausmärchen" der Brüder Grimm mit dem Märchen „Der Froschkönig oder der eiserne Heinrich" und dem Satz: „In den alten Zeiten, wo das Wünschen noch geholfen hat..."[8]. Dies ist ein deutlicher Fall von Sprachmagie, der belegt, dass die Trennung zwischen Sprachzeichen und Begriff nur eine theoretische Möglichkeit ist – allerdings eine Fähigkeit, die erst das Nachdenken über des „Wesen" der Sprache erlaubt und damit die Beschreibung, wie sie in den ersten Kapiteln dieser Schrift erfolgte. Wenn man sich nur mit dieser Möglichkeit des Jugendlichen und Erwachsenen beschäftigt, und nicht berücksichtigt, wie Sprache vom Kind erworben wird, dann scheint Sprache – das Nachdenken über Sprache und das lautlose Denken in Sprache – scheinbar immaterielle Vorgänge widerzuspiegeln.

Deswegen haben wir uns hier so ausführlich mit dem Stichwort Arbitrarität beschäftigt, weil die unreflektierte Erörterung dieses Komplexes neben anderen Faktoren mit die Basis für die Annahme besonderer geistiger Kräfte (Bewusstseins-, Denkebene) darstellt, wie gleich genauer analysiert werden muss.

Nicht zuletzt der alltägliche Umgang und Gebrauch von Sprache in der zwischenmenschlichen Kommunikation belegt aber, dass die Arbitrarität nur eine sehr theoretische Möglichkeit ist. Die Weitergabe von sprachlich kodierten Informationen kann überhaupt nicht funktionieren, wenn nicht eine feste Verbindung zwischen dem Laut- oder Schriftzeichen besteht, die unbewusst gebraucht wird. Wenn bei einer Unterhaltung die Beteiligten erst einmal darüber nachdenken müssen, ob der Sprechende auch tatsächlich das meint, was er sagt, dann kann Kommunikation gar nicht funktionieren. (Auf einem anderen Blatt stehen allerdings Fähigkeiten wie sprachliche Ironie, Sprache als Mittel der Kunst oder als bewusst eingesetzte Lüge. Diese Möglichkeiten sind Beispiele, die den Werkzeugcharakter der Sprache betreffen, aber mit dem grundsätzlichen Aufbau der Arbitrarität weniger zu tun haben.[9])

Zum Komplex Bewusstsein:
Die Schwierigkeit bei der Untersuchung dieses Komplexes besteht darin, dass Bewusstsein nicht objektiv beobachtbar ist. Es handelt sich bei diesem Phänomen um ein subjektives Empfinden, das jeder Mensch bei sich selbst beschreiben kann, das aber nicht von anderen beobachtbar ist. Diese Problematik spiegelt sich auch darin wider, dass die unterschiedlichsten Bezeichnungen für diesen Komplex gebraucht werden. Statt Bewusstsein sind auch Begriffe wie Aufmerksamkeit, Selbstreflexion, Selbstregulation, Denkebene, inneres Auge, lautloses Sprechen und anderes mehr geläufig.

Zwangsläufig kommen deshalb manche Forscher zu dem Ergebnis, dass eine Untersuchung des Bewusstseins gar nicht möglich ist.[10] Allerdings scheinen dies eher Einzelmeinungen zu sein, die ignoriert werden können. Dies geschieht aus zwei Gründen: Erstens zeigen neurophysiologische Beobachtungen, dass unterschiedliche Gehirnareale aktiviert sind, je nach dem ob ein Verhalten bewusst oder unbewusst abläuft[11]. Zweitens lässt sich aus dem Verhalten von Menschenaffen deutlich ableiten, dass so etwas wie Reflexionsebenen und mit dem Menschen vergleichbare Fähigkeiten vorhanden sein müssen. (Sowohl wildlebende Schimpansen als auch Zootiere reflektieren ihre Situation und lösen gezielt Probleme nicht durch Ausprobieren, sondern offensichtlich durch Überlegungen. Beispielsweise türmten sie Kisten übereinander, um an sonst nicht erreichbare Früchte zu geraten oder richteten Zweige her, um damit Termiten aus ihren Bauten zu fischen.)

Entsprechend den im ersten und zweiten Kapitel beschriebenen methodischen Annahmen muss jetzt auch versucht werden diesen Komplex Bewusstsein zu erfassen. Damit gehen wir – wie schon bei der Beschreibung des Spracherwerbs – davon aus, dass die menschliche Reflexionsebene sich allmählich im Laufe der Evolution vom Einfachen zum immer Komplexeren entwickelt hat und sich dies in Kindheit und Jugend widerspiegelt. Vor allem ist es notwendig, eine genaue Schilderung des Verhaltens wiederzugeben und daraus dann auch möglichst exakte und nachvollziehbare Definitionen abzuleiten. Bisher wurden alle Begriffe und Erläuterungen rund um das Thema Bewusstsein vorverständlich gebraucht. Ein überprüfbares Modell soll am Ende dieses Kapitels stehen.

Wenn man sehr ursprüngliche Lebewesen betrachtet, die nur mit einfachsten Nervensystemen ausgestattet sind, dann ist so etwas wie eine Ebene der Selbstreflexion gar nicht notwendig. Wenn ein Tier nur geringe Wahrnehmungsfähigkeiten und Verhaltensmöglichkeiten hat, die genetisch festgelegt sind und nicht oder nur unwesentlich durch Lernvorgänge modifiziert werden können, dann bedarf es keiner Reflexion.

Ein klassisches Beispiel dafür ist das Verhalten der Zecke (Holzbock, Ixodes ricinus). Es wurde von Jakob von Uexküll geschildert, der darauf aufbauend bestimmte Ansichten zur und Grundlagen der vergleichenden Verhaltensforschung beschrieb. Diese fast ideologisch zu nennenden Hintergründe sind heute nur noch eingeschränkt für uns von Bedeutung, wichtig bleiben aber die Verhaltensbeispiele[12]. Weiter könnte irritieren, dass wir ausdrücklich die Entwicklung im Laufe der Evolution als methodisches Prinzip verfolgen, Zecken aber zu den Spinnentieren gehören und damit eigentlich nicht als Vorstufen für die Schilderung menschlichen Verhaltens dienen können. Tatsächlich handelt es sich aber um grundsätzliches Verhalten einfachster Art, wie es parallel in allen Tierstämmen beobachtbar ist und deswegen aus wissenschaftsgeschichtlichen Gründen Verwendung findet.

Zum Beispiel: Die erwachsene Zecke lauert auf niedrigen Gewächsen (Gräsern, Farnen, Sträuchern) sitzend darauf, dass ein Säugetier unter oder neben ihr durchläuft oder sie abstreift. Die Beute wird ihr durch den Geruch von Buttersäure gemeldet, die den Hautdrüsen aller Säugetiere entströmt. Ihr Wärmesinn verrät ihr, ob sie tatsächlich auf einem warmblütigen Tier gelandet ist. Wenn dies der Fall ist, sucht sie mithilfe ihres Tastsinnes eine möglichst wenig behaarte Stelle und bohrt sich in die Haut, um Blut zu saugen.

Mit einem allgemeinen Lichtsinn der Haut und den drei Sinnen Geruchs-, Wärme- und Tastsinn, die nur ganz bestimmte Merkmale erfassen, findet sich die Zecke zurecht. Ihre Sinnesorgane sind dabei so eng gestaltet, dass sie nur auf die spezifischen Reize reagiert, und so beschränkt, dass alles andere nicht von ihr erfasst wird. Man kann ihr beispielsweise eine künstliche Membran mit einer beliebigen Flüssigkeit darunter anbieten, und sie wird sie aufsaugen, sofern nur die Flüssigkeit die richtige Temperatur hat.

Jakob von Uexküll wehrte sich seinerzeit nachdrücklich dagegen, dass das Verhalten der Zecke in Form einfacher Reflexbögen oder Reiz-Reaktions-Schemata beschrieben wird. Er sprach sogar von Maschinisten, die innerhalb der Zecke arbeiteten. Es lässt sich heute aber nicht leugnen, dass bei so ursprünglichen Tieren wie der Zecke von einfachen Funktionskreisen, Reizen und Reaktionen darauf, ausgegangen werden muss. Allerdings muss man berücksichtigen, dass schon eine Zecke eine nicht geringe Verrechnungsleistung vollbringen muss, wenn sie auf ihre Beute gefallen ist, denn sie muss ihre verschiedenen Sinne miteinander koordinieren: den Geruchssinn, die Wärmeempfindung und den Tastsinn.

Zu Uexkülls Zeiten (1934) war nicht vorstellbar, dass eine solche Verrechnungsleistung „maschinenmäßig" erklärbar ist. Dies sieht heute anders aus. Vor allen Dingen aber zeigt das Beispiel des Verhaltens der Zecke Grundmuster, wie sie bei allen ursprünglichen Tieren, also auch bei Vorstufen der Wirbeltiere, beobachtbar sind. Wichtig in diesem Zusammenhang ist, dass solch ursprüngliches Verhalten nicht einer zusätzlichen Reflexionsebene bedarf. Nicht einmal Vorstufen eines Bewusstseins sind dafür nötig. Wobei festgehalten werden muss, dass diese einfachen Grundmuster des Verhaltens, die nicht bewusst ablaufen, bis hin zu höheren Säugetieren beobachtbar sind. Bewegungsabläufe, Reaktionen auf Gefahren und mehr laufen „automatisch" in Form von Reiz-Reaktions-Schemata ab[13]. Dabei spielt keine Rolle, ob diese Vorgänge aufgrund angeborener oder erworbener Fähigkeiten ausgelöst werden. Wir werden gleich noch genauer darauf zurückkommen, wenn neurophysiologischen Erklärungsversuche berücksichtigt werden.

Jetzt geht es darum zu beobachten und zu erläutern, ab wann eine Art Reflexionsebene beim Verhalten von Tieren zwingend notwendig ist und wie sie gebaut sein könnte. (Wir knüpfen jetzt an das an, was wir im 4. Kapitel unter den Stichworten: Wertungen und Problemlösungen beschrieben haben und versuchen die Ebene, auf der das geschieht, zu erfassen.)

Schon Fische verfügen über komplexe Sinnesorgane. Beispielsweise sind ihre Augen denen von Vögeln und Säugetieren ähnlich. Derartige Organe sind aber nur dann von Nutzen, wenn die damit aufgenommenen Daten auch von entsprechend leistungsfähigen Nervensystemen verarbeitet werden können. Dies bedeutet, dass die wahrgenommenen Eindrücke mit den gespeicherten Mustern und Erfahrungen in Bezug gesetzt werden müssen.

So lassen sich bereits Fische an Futterplätze und -zeiten gewöhnen und steuern diese Orte regelmäßig zielgerichtet an.[14] Weiter lässt sich beobachten, dass räuberisch lebende Fische ihre Jagd *nicht* unterbrechen, wenn die Beute kurzzeitig hinter einer undurchsichtigen Steinformationen oder Pflanzen verschwunden ist. Besonders das Jagdverhalten belegt, dass schon Tiere Eindrücke eine gewisse Zeit im Gedächtnis behalten müssen, um erfolgreich zu sein. Darüber hinaus haben alle etwas entwickelteren Geschöpfe unterschiedliche Umwelten zu bewältigen. Ein angeborenes Verhaltensrepertoire reicht oft nicht aus, um zu überleben. Es müssen neue Eindrücke vor allem in den Jugendphasen bewertet und im Langzeitgedächtnis gespeichert werden. Wir knüpfen damit an das an, was wir im vierten Kapitel unter dem Stichwort Problemlösung/Intelligenz-Entwicklung beschrieben haben und versuchen, die Ebene, auf der das geschieht, zu erfassen.

Zwangsläufig ist es biologisch (evolutionsgeschichtlich) von Vorteil, wenn auf gespeicherte Erfahrungen wieder zurückgegriffen werden kann, wenn ein Tier eine vergleichbare Situation wahrnimmt. Daraus folgt: Fische verfügen über ein Kurzzeit- und ein Langzeitgedächtnis und sind in der Lage, beides miteinander in Bezug zu setzen[15]. Damit gehen wir von der weit verbreiteten These aus, dass das Kurzzeitgedächtnis die Basis für das ist, was beim Menschen als Bewusstsein empfunden wird[16]. Wieweit dabei das Kurzzeitgedächtnis als eine Reflexionsebene oder als ein Arbeitsgedächtnis aufgefasst werden kann, muss im Verlauf der nun folgenden Beschreibungen geklärt werden (Reflexionsebene und Arbeitsgedächtnis sind aus dem menschlichen Verhalten abgeleitete Begriffe, es ist fraglich, ob sie bei einer evolutionsgeschichtlichen Erläuterung Bestand haben.)

Das Kurzzeitgedächtnis ist auf der Ebene einfacher Tiere vor allem eine Abbildungsebene, auf die in beschränktem Maße aktuelle Kognitionseindrücke (z. B. Beute) und gespeicherte Informationen (z. B. Futterplatz und -zeit) gehoben und miteinander verglichen werden. Wir sind der Meinung, dass der einfachere Ausdruck „Abbildung" angemessen ist und weiter im Rahmen der Entwicklung der Wirbeltiere verfolgt und überprüft werden sollte, wieweit sich damit auch komplexere Denkleistungen erklären lassen. Am Ende dieses Kapitels wird das Problem wieder aufgegriffen und eine Lösung vorgeschlagen.

Doch bevor dies geschieht, muss auf eine weitere Schwierigkeit aufmerksam gemacht werden: Eine eigenständige Ebene für das Kurzzeitgedächtnis ist anatomisch nicht nachweisbar. Wir können auch nur ungefähr die Orte im Gehirn bestimmen, von denen aus das beobachtete Verhalten gesteuert wird. Der Ort der Steuerung (der Speicherung von Gelerntem, der Abbildung von Wahrgenommenem) ist vor allem das Endhirn (Telencephalon), der stammesgeschichtlich jüngste Teil des zentralen Nervensystems. Dieser Hirnteil vergrößert sich in der Wirbeltierreihe immer mehr und erlaubt die Lösung immer komplexerer Probleme. Bei Säugetieren überlagert das Endhirn immer mehr die übrigen Hirnbereiche, bis es sich bei Affen und schließlich beim Menschen zum Großhirn entwickelt, wobei die Großhirnrinde (Cortex cerebri, Neocortex) der eigentliche Ort der Steuerung des Verhaltens ist. Durch direkte Reizung (zum Beispiel bei Eingriffen am offenen Hirn) wurde dies nachgewiesen. Weiter können elektrische Potentiale abgeleitet werden und neuere bildgebende Verfahren (Magnetresonanztomografie, MRT) belegen die Rolle des Großhirns. Sie zeigen beispielsweise, welche Gehirnteile gerade aktiv sind.

Wie genau dabei die einzelnen Nervenzellen (Neuronen) funktionieren und miteinander arbeiten ist unklar.[17] Die Kenntnis über die Physiologie des Nervengewebes ist noch sehr lückenhaft. (Aus praktischen Gründen werden wir aber weiter den Ausdruck „Ebene" für das Kurzzeitgedächtnis benutzen, weil damit am ehesten die Funktion dieses Speichers beschrieben wird.)

Da die direkte Untersuchung des Nervengewebes keinen Aufschluss über den weiteren Aufbau der Gedächtnis- und Verarbeitungsleistungen erlaubt, kann nicht anders vorgegangen werden, wie schon angeführt wurde: Aus den allmählichen Leistungssteigerungen bei Wirbeltieren von einfachen Fischen bis hin zu höheren Säugetieren und parallel dazu bei der Beobachtung von Kindern vom Säugling bis zum Jugendlichen sind Rückschlüsse zu ziehen, welche Bauteile vorhanden sein müssen, um die immer besseren Abbildungen auf der Ebene des Kurzzeitgedächtnisses entstehen zu lassen. Wobei am Ende dann der Eindruck einer Selbstreflexion in Form eines Bewusstseins entsteht.

Es handelt sich gewissermaßen um eine Konstruktion dessen, was zusammen spielen muss, damit ein bestimmtes Verhalten beobachtet werden kann, das mit den Beobachtungen, die die wir bei uns selbst machen, übereinstimmt. Diese Vorgehensweise mag auf den ersten Blick leichtfertig erscheinen, weil wir die neurophysiologischen Zusammenhänge nicht erfassen können. Doch dadurch entsteht ein Modell (eine Theorie), die sich dann auch aller Voraussicht nach überprüfen lässt. (Dies wird im folgenden sechsten Kapitel versucht zu skizzieren.)

Die Wirbeltiere haben sich von den Fischen zu den Amphibien (Lurche, Frösche usw.) entwickelt. Daraus bildeten sich die Reptilien (Echsen, Schlangen usw.) heraus. Und aus den Reptilien entstanden parallel einerseits die Vögel und andererseits die Säugetiere.

Die Entwicklung von Lern- und Gedächtnisleistungen im Laufe der Wirbeltierentwicklung ist nur in jeweils einzelnen Experimenten und Beobachtungen (artspezifisch) dokumentiert worden, aber erlaubt doch die Feststellung einer allmählichen Leistungssteigerung des Gedächtnisses parallel zur geschilderten Vergrößerung des Endhirns. Das lässt sich von den Amphibien über die Reptilien deutlich beobachten. Eine Steigerung ist dann bei bei einzelne Vogelgattungen (zum Beispiel Papageien oder Rabenartigen) und vor allem bei Säugetieren nachweisbar.[18]

Beispielsweise haben Raubtiere ein so gutes Gedächtnis (Kenntnis) über ihre Umwelt, dass sie auch komplexere Umwege meistern. Das lässt sich an Hunden (Unterordnung Fissipedia, Landraubtiere) beobachten. Wenn ein Hund in einem Haus mit verschiedenen Türen lebt und die Vordertür verschlossen ist, wird er sich dort nicht lange aufhalten, sondern um das Haus herum laufen und durch die Hintertür versuchen hereinzukommen. (Vorausgesetzt, er konnte seine Umwelt erkunden.) Offensichtlich hat der Hund ein inneres Bild von seiner ihm vertrauten Umgebung.

Eine weitere beeindruckende Steigerung des Zusammenspiels von direkter Wahrnehmung, Kurz- und Langzeitgedächtnis zeigt sich bei den Menschenaffen: Wir schilderten im vorangegangenen Kapitel den jungen Schimpansen, der eine Banane in einem Baum entdeckte, unter den sich ein hochrangiger älterer Affe gesetzt hatte. Der junge Affe wandte sich dabei ab, um sich nicht durch Blicke zu verraten. Aber er hatte die Situation offensichtlich immer noch im Gedächtnis vor seinem „inneren Auge".

Die einzelnen Faktoren, die in diesem Beispiel zusammenspielen, sind folgende: Der Auslöser des Verhaltens ist die entdeckte Banane im Baum. Gleichzeitig wird aber auch der alte Affe darunter wahrgenommen und der ist mit den Wertungen von Macht und Stärke verbunden. Der junge Affe verfügt über Selbstverständnis (Ich-Identität) und er hat die Erfahrung von den Folgen seines Handelns gemacht „erst wenn der Alte weg ist, dann besteht keine Gefahr mehr, dass er mir die Banane wegnimmt." All dies muss sich in seinem Kurzzeitgedächtnis abspielen.

In der Kindheit des Menschen wiederholt sich diese allmähliche Entwicklung eines immer besseren Zusammenspiels von Wahrnehmung und Gedächtnis. Für den hilflosen Säugling gilt noch lange das Verhalten „aus den Augen aus dem Sinn". Augenblickliche Ereignisse oder Wahrnehmungen werden nur sehr kurz im Gedächtnis behalten und schnell durch neue Eindrücke oder Empfindungen überlagert.

Etwa mit einem halben Jahr beginnen Kinder „Dinge im Kopf zu behalten", auch wenn man sie im Augenblick weder sehen noch sonst wie wahrnehmen kann. Beispielsweise schauen sie suchend einem Gegenstand nach, der von einem Tisch gefallen und aus ihrem Blickfeld geraten ist.

Mit etwa elf Monaten wird die Fähigkeit sich an Dinge zu erinnern und ihr Bild kurzzeitig im Gedächtnis zu behalten immer besser. Wenn man vor den Augen des Kindes ein Spielzeug unter einem umgestülpten Gefäß verbirgt, dann sucht es dort danach und verbirgt es dann auch immer wieder, es spielt mit der entdeckten Möglichkeit.[19]

Zum Ende des zweiten Lebensjahres wachsen die Leistungssteigerungen des Kindes stürmisch. Die Kognitionsfähigkeiten im Zusammenhang mit der Sprachentwicklung (Umweltstrukturierung, Modellbildungsfähigkeit) und einem immer besseren Werkzeuggebrauch werden durch ein stetig wachsendes Lang- und Kurzzeitgedächtnis unterstützt. Nicht zuletzt die Herausbildung der Ich-Identität erlaubt es, allmählich zwischen verschiedenen Handlungsmöglichkeiten abzuwägen. Dabei ist die Leistungsfähigkeit des Menschen erst mit etwa fünf Jahren soweit entwickelt, dass ein vergleichbares Verhalten wie das des geschilderten Affen mit der Banane beobachtbar ist.

Das spielerische Erforschen der Umwelt, das Ausprobieren, was man alles mit den Dingen der Erlebniswelt tun kann, führt dann im Zusammenhang mit der Sprachfähigkeit zu Modellen, die dann sogar in Richtung Fiktion deuten.

Beispielsweise können sich Kinder in die Rolle von Tieren hinein versetzen: Bellen, Miauen, springen wie ein Frosch und vieles mehr sind zu beobachten. Die Kinder können sich verstellen, sie können so tun, als ob sie etwas anderes seien. Da diese Fähigkeiten auch sprachlich erfasst werden, können sie nur in Gedanken (also auf der Kurzzeitebene) widergespiegelt werden. Diese Fähigkeiten können auf eine immer differenziertere Wahrnehmung und ihrer Verarbeitung zurückgeführt werden. Sie sind wieder Beispiele dafür, dass sich die Leistungssteigerung ganz allmählich zeigen, also eine kontinuierliche Entwicklung festgestellt werden muss, die deutlich auf dem aufbaut, was schon bei Tieren beobachtbar ist.[20]

Wenn Kinder beginnen Geschichten zu erfinden (so etwa mit vier, fünf Jahren) dann beruhen alle Erzählungen auf persönlichen Erfahrungen, deren Einzelheiten nur neu zusammengesetzt werden. In dem Maße, in dem die gespeicherten Wahrnehmungen wachsen, werden auch die Möglichkeiten zur Bildung komplexerer Erzählungen größer. Wobei die direkte Wahrnehmung und ihre Verarbeitung dank der Entwicklung der Sprachfähigkeit scheinbar voneinander „abgekoppelt" werden. Hier kommt das, was wir im ersten Teil dieses Kapitels unter dem Stichwort „Arbitrarität" geschildert haben, zum Tragen. Da die Zusammenhänge zwischen Kognitionsverarbeitung und den zusätzlichen sprachlichen Merkmalen nicht durchschaut werden, entsteht die Illusion einer besonderen inneren Ebene. Sprachlich formuliertes wird als eine eigenständige Welt erlebt. Dabei wird dies tatsächlich nur vorgespiegelt.

Beim Jugendlichen und Erwachsenen sind dann die ursprünglichen Grundlagen kaum mehr einsehbar. Sowohl der Erwachsene bei sich selbst, als auch ein Beobachter von problemlösendem Verhalten, muss fälschlicher Weise fast zwangsläufig vom Wirken einer „eigenständigen geistigen Kraft" ausgehen. Die eigentliche materielle Basis von intelligentem Verhalten und der Reflexionsfähigkeit, das Zusammenspiel von Wahrnehmung und Gedächtnis, lässt sich nicht direkt beobachten, sondern nur, wie hier, rückschließend erfassen.

Es muss jetzt versucht werden die innere Ebene und die Arbeit des Großhirns, auf der diese Prozesse ablaufen, etwas genauer zu beschreiben. Das wird durch den Blick auf die Zeitabläufe zwischen einer Wahrnehmung und der Reaktion darauf geschehen. Im Wesentlichen folgen wir dabei den Arbeiten von Benjamin Libet[21]. Der amerikanische Neurophysiologe hat wegweisende Experimente dazu erarbeitet, die weitgehend von späteren Untersuchungen bestätigt wurden.

Die weitaus meisten Handlungen des Menschen laufen unbewusst ab. Ein Beispiel dafür ist die Bremsreaktion beim Autofahren. Wenn plötzlich ein Kind auf die Fahrbahn läuft, erfolgt nach etwa 150 msec (Millisekunden) die Bremsreaktion.
Auch viele andere Handlungen werden nicht bewusst kontrolliert in Gang gesetzt. Wenn bei Ballspielen ein Fangen oder Ausweichen nötig ist, geschieht dies in diesem Zeitrahmen. Die Reaktion auf den Startschuss bei einem Wettlauf gelingt manchen Sportlern schon nach 100 msec anderen erst nach 150 msec.
Die Verarbeitung von Sinneseindrücken erfolgt also in Gefahren- aber auch in Alltagssituationen „automatisch" ohne das Einschalten von Kurzzeitgedächtnis oder Bewusstsein. Dabei hat das Zentrale Nervensystem erstaunliche Leistungen zu bringen: Das Näherkommen eines Balles muss mit seiner Flugrichtung und Geschwindigkeit in Bezug gesetzt werden. Gleichzeitig ist die Muskelmaschinerie so zu steuern, dass ein Fangen oder Ausweichen möglich wird.
Alltagserfahrungen belegen das Ablaufen unzähliger unbewusster Handlungen: Wir drehen automatisch die Herdplatte aus, wenn wir den Topf auf den Esstisch stellen, schließen die Haustür ab, wenn wir ausgehen, usw. Dabei kommt es dann immer wieder zu irritierenden Reaktionen. Da diese Handlungen

nicht bewusst waren, gehen wir noch einmal zum Herd zurück oder überprüfen die Haustür, wobei wir die Vorgänge meist sprachlich begleiten, sie damit ins Kurzzeitgedächtnis und Bewusstsein rufen und kontrollieren können.

Solche bewussten Verhaltensweisen als Antwort auf unterschiedliche Stimuli benötigen rund 500 msec, bis sie wahrgenommen werden, sprich, das Kurzzeitgedächtnis „anspringt". Erst nach dieser Zeit berichten Versuchspersonen von Wahrnehmungen, die sie im Gedächtnis behalten haben. (Libet belegte diese Zeitspannen durch verschiedene Experimente mit sensorischen Reizungen zum Beispiel der Haut und der Ableitung von elektrischen Potentialen.) Dabei sind sich Menschen über die tatsächlichen Zeitabläufe nicht im Klaren. Der oben geschilderte Autofahrer wird im Nachhinein berichten, dass er gebremst habe, weil er das Kind bemerkte. Die subjektive Erinnerung überlagert den objektiv feststellbaren und wesentlich früher eingeleiteten Bremsvorgang, so interpretiert Libet dieses Beispiel.

Ein Fall aus eigener Erfahrung mag das illustrieren: Einige Wochen bevor ich diese Zeilen schrieb, hatte ich einen Fahrradunfall. Ich fuhr auf einem Radweg direkt neben einer Straße entlang, als plötzlich vor mir ein PKW von der Straße auf eine Auffahrt, die den Radweg kreuzte, abbog, also eine Kollision mit mir drohte. Meine Erinnerung setzte erst mit dem Flug schon weit über den Lenker des Fahrrades und der Landung auf dem Boden ein.

Im Nachhinein erkläre ich mir die Situation folgendermaßen: Ich hatte mir neue (vom Fahrradhändler besonders empfohlene) Bremsgummis an meine Vorderradbremse montiert. Während der Fahrt probierte ich diese neuen Bremsen immer wieder aus. Als das Hindernis vor mir auftauchte, muss ich die Bremse fest angezogen haben und blockierte so das Vorderrad. Entsprechend dem Trägheitsgesetz segelte ich anschließend über den Lenker.

An das Betätigen der Bremse und den ersten Teil des Fluges habe ich nicht die geringste Erinnerung. Natürlich kann ich keine exakten Zeitangaben zu dem Vorfall abgeben. Aber der Zeitraum zwischen dem Wahrnehmen des Hindernisses und dem Anziehen des Bremsgriffes dürfte deutlich unter 500 msec gelegen haben.

Diese Beispiele für den Zusammenhang zwischen unbewusstem und bewussten Verhalten stellen einen ersten Hinweis dafür dar, dass die Verarbeitung von Wahrnehmung durch das Nervensystem primär nicht beobachtbar ist. Die Abbildung auf der Ebene des Kurzzeitgedächtnisses scheint nur ein sekundärer Faktor zu sein, wobei wichtig ist, dass erst dieser Eindruck im Langzeitgedächtnis gespeichert werden kann.

Nun zu bewussten Handlungen:

1965 publizierten die deutschen Neurologen Hans Kornhuber und Lüder Decke eine irritierende Beobachtung: Sie untersuchten bei Versuchspersonen, welche Veränderungen im EEG einer Handbewegung vorausgehen. Sie meinten festzustellen, dass bereits eine Sekunde, bevor die Probanden die Hand bewegten, elektrische Veränderungen im Gehirn auftreten und nannten dies Bereitschaftspotential. Eigentlich war diese Beobachtung nicht ungewöhnlich, denn damit ein Muskel aktiviert wird, muss vorher vom Gehirn ein Befehl ausgehen.

Benjamin Libet irritierten diese Beobachtungen (von denen er 1977 erfuhr), weil er den Zeitfaktor von einer Sekunde (Gehirnaktivität vor der eigentlichen Bewegung) für zu lang hielt. Weiter wollte er wissen, wie im Einzelnen der zeitliche Zusammenhang zwischen der Entscheidung zur Bewegung und der Ausführung ablief. Er entwickelte deshalb eine spezielle Versuchsanordnung. Er installierte auf einem Bildschirm eine schnell laufende Uhr. Statt eines Zeigers wanderte ein Lichtpunkt rund um den Kreis. Dabei waren auf dem Kreis Einteilungen von eins bis 60, wie bei einer normalen Uhr angegeben. Die Versuchspersonen sollten spontan ihre Hand bewegen und sich auf der Uhr den Zeitpunkt merken, an dem sie den Entschluss zur Bewegung gefasst hatten. Gleichzeitig wurden ihre Gehirnströme abgeleitet und aufgezeichnet, wann sich ein Bereitschaftspotential messen ließ.

Zur Überraschung von Libet bildete sich etwa 500 msec (also eine halbe Sekunde) bevor der Zeitpunkt zur Handbewegung auf der Uhr angegeben wurde, ein Bereitschaftspotential im Gehirn.

Der bewusste Befehl zum Bewegen der Hand lag also deutlich später als der Zeitpunkt, an dem das Gehirn schon die Bewegung in Gang gesetzt hatte. (Die Experimente Libets wurden später von anderen Forschern wiederholt und weitgehend bestätigt.)

Zwangsläufig stellte sich Libet die Frage: Wer gibt eigentlich den Befehl zum Bewegen der Hand? Haben wir noch einen freien Willen, mit dem wir bestimmen, was wir tun, oder hat das Gehirn, ohne dass wir Einfluss darauf haben, schon die Entscheidung getroffen? Reagieren wir nur wie ein willenloser Automat?

Diese Fragen rühren natürlich an die Grundlagen unseres Selbstverständnisses und setzen sich mit jahrtausendealten Annahmen auseinander. Es sind Fragen nach einem unabhängigen Geist, einer vom körperlichen getrennten Seele. Fragen, die ins Weltanschauliche und Religiöse hineinreichen. Auch in Libets Schriften sind diese Hintergründe deutlich zu beobachten. Entsprechend versucht er seine Ergebnisse so zu interpretieren, dass er meint ein „Vetorecht" des „bewussten Willens" aus den zeitlichen Abfolgen zwischen den Messungen des Bereitschaftspotentials und den Handlungen abzulesen zu können, so dass es nicht zur Handlung kommt. Allerdings räumt er selbst ein, dass sich dies nicht beweisen lasse.[22] Und auch andere Autoren folgen ihm nicht und bestreiten diese Annahme eines „Vetorechtes" gegenüber dem unbewusst arbeitenden Gehirn.

Das Problem des freien Willens wird merkwürdigerweise vor allem unter Hirnforschern diskutiert. In der Psychologie scheint es dagegen eher ein Randthema zu sein. Dort werden zwar ausführlich Motivationen und Antriebe untersucht, die münden aber in Modelle und Theorien, die meist ohne Ausdrücke wie „Freier Wille" auskommen. Entsprechend finden sich auch in neueren psychologischen Grundlagenwerken keine Auseinandersetzung mit Arbeiten wie der von Libet. Begriffe wie „bewusst-unbewusst" oder „willkürlich-unwillkürlich" werden meist vorverständlich ohne vorausgehende Definitionen gebraucht. (Wobei wir natürlich zugeben müssen, dass wir bei der Fülle an Veröffentlichungen diese nur begrenzt kennen und punktuell berücksichtigen konnten und es durchaus Arbeiten geben mag, die Verbindungen zwischen neurophysiologischen und psychologischen Studien herstellen.)

Dass dieses Thema „freier Wille" hier so ausführlich erörtert wird, hat ganz praktische Gründe. Es ist die uralte Frage nach Schuld und Verantwortung. Denn wie soll man einen Verbrecher bestrafen, wenn er gar nicht willentlich seine Tat begangen hat, sondern von unwillkürlichen Motivationen getrieben wurde? Wenn es gar keinen freien Willen gibt, sondern nur die für ihn nicht durchschaubaren Motive ihn zu seiner Tat getrieben haben, dann wäre eine Strafe völlig sinnlos. Er müsste vielmehr umerzogen werden, also mit neuen sozialverträglichen Antrieben versehen werden.[23] (Vergleichbares gilt natürlich für kindliches Verhalten. Wir werden im letzten siebten Kapitel dieser Schrift diese Problematik noch einmal aufgreifen müssen.)

Hier muss es jetzt erst einmal darum gehen, diesen Begriff „freier Wille" genauer unter die Lupe zu nehmen. Dabei fällt sofort auf, dass er ein Widerspruch in sich selbst ist. „Wille" muss aufgefasst werden als der Oberbegriff über die Fülle an Motivationen, Wertungen und Antrieben, die einen Organismus aktiv werden lassen (wir schilderten dies im 4. Kapitel dieser Arbeit). „Freiheit" würde bedeuten, dass sich *irgendeine Instanz* diese Antriebe anschaut, und danach entscheidet, welche Handlung ausgeführt wird.

Die tatsächlichen Zusammenhänge kommen ohne diese mysteriöse Instanz aus: Die im Verlauf dieser Arbeit geschilderte sich allmählich steigernde Fähigkeit der Kognitionsverarbeitung führen zur Bildung einer Ich-Identität und zu einer immer besseren Strukturierung und Bewertung der Umwelt mit Hilfe der Sprachfähigkeit. Auf der Ebene des Kurzzeitgedächtnisses spiegelt sich das wider.

Deshalb zurück zu dem Libetschen Experiment mit dem bewussten Befehl, die Hand zu bewegen und dem schon vorher arbeitenden Gehirn. Dieses Beispiel belegt wieder nur eines: Wir können die Arbeit unseres Gehirns nicht beobachten, wir beschreiben sie nur im Nachhinein (bilden sie auf der Kurzzeitebene ab). Dass diese Abbildung zeitlich verzögert erscheinen, dürfte praktische Gründe haben:

Alle Lebewesen sind, vor allem in Gefahrensituationen, darauf angewiesen, schnell zu reagieren. Auf angeborene Wertungen oder fest im Langzeitgedächtnis verankerte Einschätzungen muss sofort reagiert werden. Dabei werden ursprüngliche, früh in der Evolution angelegte Nervenwege aktiv. Das Kurzzeitgedächtnis arbeitet in einem jüngeren (später entstandenen) Gehirnteil. Die Bewegung dagegen wird von älteren Gehirnteilen ausgeführt. Zwangsläufig dauert es länger, bis dort die Eindrücke angekommen und verarbeitet sind. – Wenn ein Nagetier, z.B. eine Maus, einen Jäger wahrnimmt, muss es sofort flüchten, um zu überleben. Wenn beim Autofahren ein Hindernis auftaucht, darf nicht lange überlegt werden, die Bremse muss unverzüglich betätigt werden. – Die in Trainingsstunden einst über das Kurzzeitgedächtnis erlernten Fähigkeiten sind fest im Langzeitgedächtnis gespeichert und führen auf schnellen Nervenbahnen unwillkürlich, unbewusst zum Handeln.

Sind wir also doch nur eine Art Automat wie die Zecke, der lediglich durch das Kurzzeitgedächtnis programmiert wurde? Diese Frage lässt sich beantworten, wenn wir berücksichtigen, wie dieser Speicher entstand und was er alles abbildet:

Deshalb muss zuerst noch einmal festgehalten werden, dass sich das Kurzzeitgedächtnis und die Leistungssteigerungen dort allmählich entwickelt haben – in der Evolutionsgeschichte und dann wieder in der Kindheitsentwicklung. Schritt für Schritt sind immer komplexere Möglichkeiten hinzugekommen. Den letzten Schritt schilderten wir am Anfang dieses Kapitels mit der Möglichkeit zwischen dem Sprachzeichen und dem Kognitionseindruck zu trennen (Arbitrarität). Nur dadurch kann auf der Ebene Kurzzeitgedächtnis über diese Zusammenhänge nachgedacht werden, indem sie in Form von Modellen abgebildet werden. Erwachsene sind so in der Lage, die verschiedensten auf der Sprachfähigkeit basierenden Informationen (in erster Linie Erfahrungen über unsere Umwelt) auf der inneren Ebene widerzuspiegeln und sie mit den im Langzeitgedächtnis gespeicherten in Bezug zu setzen.

Diese Abbildungen müssen nicht zu einer Handlung (Bewegung, Aktion) führen. (Das mehrfach geschilderte Beispiel des jungen Affen, der eine Banane in einem Baum sah, unter dem ein ranghohes Tier saß, zeigt, dass Vorstufen solcher Abbildungen – Überlegungen – schon bei Tieren möglich ist.)

Dies ist wohl der entscheidende Punkt an den Abläufen auf der Kurzzeitebene, es wird dort nicht nur abgebildet, sondern es werden auch Aufgaben gelöst. Das kann man an einfachen Beispielen durchaus wörtlich nehmen und belegen, nämlich durch mathematische Aufgaben. Auch ungeübte Menschen können einfache Additionen und Subtraktionen im Kopf lösen. Selbst Textaufgaben werden meist problemlos bewältigt (z. B. wie viele Tapetenrollen benötige ich, wenn ein Zimmer soundso groß ist und die Rolle eine bestimmte Breite und Länge hat).

Im Wechselspiel von Wertungen und Ich-Identität kann das „Für und Wieder" verschiedener Verhaltensformen gegeneinander abgewogen werden. Es können so Handlungsmöglichkeiten verworfen oder in Gang gesetzt werden.

Doch obwohl wir in der Lage sind, komplexe Zusammenhänge mit Hilfe sprachlicher Modelle abzubilden, sind uns die eigentlichen, dahinterliegenden „Rechnungsvorgänge" des Gehirnes nicht zugänglich. Unter anderem durchschauen wir häufig nicht, welche Motivationen uns antreiben, diese werden zwar im Rahmen von Kognitionsprozessen angelegt, sind aber nur schwer zu artikulieren. Auch wenn wir über eine Abbildungsebene von gewaltiger Dimension mit der Zusammenstellung vielfältigster Daten (die mehrere Dimensionen widerspiegeln) verfügen, bleibt uns diese Seite weitgehend verschlossen.[24]

Immerhin können wir durch solche Abbildungsvorgänge, die vor Handlungen liegen, weitere Informationen aus unserer Umwelt und unserem sozialen Umfeld einholen und damit zusätzliche Erfahrungen und natürlich auch Wertungen (Antriebe) speichern (also im Langzeitgedächtnis abgelegte Motivationen modifizieren). Wir bieten so unserem Gehirn zusätzliche Daten an und können dadurch – sicher nur in begrenztem Rahmen – erreichen, dass andere Entscheidungen getroffen werden.[25]

Damit beantwortet sich die Frage, ob wir wie ein Automat funktionieren oder doch mehr hinter der Arbeit unseres zentralen Nervensystem steckt. Da wir auf unserer inneren Ebene Probleme lösen können und in der Lage sind durch die unterschiedlichsten Lernvorgänge unsere Speicher mit neuen Daten zu füllen und zu modifizieren, so dass neue Verhaltensformen möglich werden, verbietet sich der Begriff Automat. Statt dessen laufen höchst komplexe Rechenoperationen ab, die wir nicht direkt beobachten können. Sie lassen sich aber durch Theorien (Modelle) erfassen.

Vor allem muss festgehalten werden, dass weder ein Bewusstsein als eigenständige Fähigkeit noch eine Instanz in Form eines freien Willens angenommen werden muss, um menschliche Gedächtnisleistungen und Denken zu erläutern.

Damit stellt sich zwangsläufig eine neue Frage: Könnten auch komplexe Rechner solche bewussten Leistungen erbringen? Jetzt werden wir dieses Problem noch nicht beantworten können. Im nächsten sechsten Kapitel bei der Schilderung von Überprüfungsmöglichkeiten der hier formulierten Theorie wird der Problemkreis wieder aufgegriffen.

Es bleiben zum Abschluss dieses Kapitels aber noch zwei Fragen offen: Es muss erstens versucht werden zu erläutern, warum keine Einsicht in die eigentlichen Verrechnungsvorgänge des Gehirns möglich ist? Zum zweiten stellt sich die Frage, ob wesentliche Leistungssteigerungen über die heutigen Denkmöglichkeiten des Menschen hinaus vorstellbar sind?

Dem griechischen Fabelerzähler Aesop wird die Geschichte vom „Frosch und dem Tausendfüßler" zugeschrieben. Danach – etwas verkürzt – begegnet ein Frosch, der ein Philosoph war, einem Tausendfüßler und beobachtet voller Staunen, wie der immer im richtigen Augenblick einen Fuß vor den anderen setzt. Der Frosch spricht den Tausendfüßler an und fragt ihn, wie er es schaffe, immer genau im Takt seine Füße zu bewegen. Der Tausendfüßler ist über die Frage völlig verwirrt, denn darüber hat er noch nie nachgedacht. Nach einer Weile kommt der Frosch wieder beim Tausendfüßler vorbei, der verzweifelt am Wegesrand sitzt und sich nicht mehr bewegen kann. Er beklagt sich bitter beim Frosch über dessen Frage, weil er dadurch so ins Grübeln über seine Beinbewegungen kam, dass er überhaupt nicht mehr voran kommt.

Es mag leichtfertig erscheinen – und ist kein wissenschaftlich fundierter Beweis – aus dieser Fabel einen Rückschluss auf den Zusammenhang zwischen unwillkürlichen und willkürlichen Handlungen zu ziehen. Aber es liegt auf der Hand, dass ein intensives Grübeln über Ursachen und Folgen von Verhalten, ein lang anhaltendes Überlegen über das Für und Wieder eines Planes zur Lähmung führt. Nicht umsonst bewundern wir entscheidungsstarke Menschen, die handeln, während andere noch lange über den rechten Weg nachdenken. So wie einst Alexander den gordischen Knoten einfach zerhieb, statt ihn zu lösen. Das führt sicher in vielen Fällen auch zu falschen Entscheidungen, aber oft ist es besser, irgendeine Entscheidung zu fällen als gar keine. Letztlich ist das Verhalten eines erwachsenen Menschen bestimmt durch eine ungeheure Summe an Erfahrungen, die bei den meisten Handlungen unbewusst zum Tragen kommen. Dies ist die Folge der extrem langen Kindheits- und Jugendphase im Gegensatz zu der bei vielen anderen Lebewesen.

Ein Verdacht drängt sich auf: Wären Menschen noch handlungsfähig, wenn sie ihre bisher verborgenen Rechnungsabläufe und vor allen Dingen ihre Werthaltungen und Motivationen immer durchschauen würden, bevor sie etwas tun? *Offensichtlich ist es gut so, dass wir nicht alle unsere Antriebe erkennen.* Wir versuchen meist mühsam im Nachhinein – nach einem mehr oder weniger spontanen Verhalten – zu begreifen, warum wir etwas taten. Denn wenn wir das schon vor einer Aktion wüssten, dann würden wir wahrscheinlich wie der Tausendfüßler der Fabel jammernd und ratlos am Wegesrand sitzen bleiben.[26] Möglicherweise wäre jede Steigerung der Einsichtsfähigkeit in unbewusste Vorgänge kontraproduktiv und würde ein Individuum blockieren. (Wir werden im nächsten 6. Kapitel prüfen müssen, ob es für diese These Belege geben kann.)

Zur zweiten Frage nach einer Leistungssteigerung über das heutige Niveau des Menschen hinaus: Bewusstsein ist keine eigenständige Fähigkeit, also kann diese Empfindung auch nicht gesteigert werden. Da entsprechend geistige Kräfte, mit denen irgendetwas bewirkt werden könnte, nicht existent sind, können sie auch nicht wachsen. (Lediglich aus praktischen, umgangssprachlichen Gründen werden Begriffe wie „Bewusstsein" oder menschlicher „Geist" weiterverwendet, um unsere „Empfindungen" [Gefühle, Motivationen] zu charakterisieren.)

Allerdings ist es durchaus denkbar und teilweise schon zu beobachten, dass einzelne Leistungen, auf denen die menschlichen Fähigkeiten beruhen, gewaltig gesteigert werden können. Speichermedien moderner Computer sammeln Datenmenge, die jedes menschliche Hirn weit überfordern. Und auch einzelne Rechenprogramme lösen Probleme schneller und besser als Menschen es können. Das klassische Beispiel dafür sind Schachcomputer. Diese Maschinen haben schon früh durchschnittliche Spieler verzweifeln lassen und besiegen heute locker Großmeister.

Dabei muss festgehalten werden, dass solche einzelnen Leistungssteigerungen lediglich quantitativer aber nicht qualitativer Art sind. Die Aufgabe im nächsten, dem 6. Kapitel, wird es deshalb sein zu prüfen, ob das Zusammenspiel von von solchen Steigerungen in künstlichen Gebilden Ähnliches erzeugt, wie das, was bisher dem Menschen vorbehalten schien.

Zusammengefasst:

Bewusstsein ist ebenso wenig wie Sprache eine eigenständige Fähigkeit, sondern spiegelt nur die Fülle an gespeicherten und wahrgenommenen Zusammenhängen auf der Abbildungsebene Kurzzeitgedächtnis wider. Dabei hilft vor allem die Sprachfähigkeit die Kognitionsabläufe (einschließlich der Wertungen und der Entwicklung der Ich-Identität) zu strukturieren und abzubilden. Wobei die Fähigkeit, bis ins hohe Alter neue Kognitionseindrücke zu erleben und zu speichern, zu einer Modifikation bestehender Strukturen führen kann. Die eigentlichen „Rechnungsvorgänge" – wie das Gehirn diese Abbildungen zustande bringt und neu zusammensetzt – lassen sich nicht beob-

achten, weder vom Individuum selbst noch von Außenste-
henden. Dieses „Nicht-beobachten-können", aber Erleben
der inneren Bilder, führt zur irrigen Annahme der Existenz einer eigenständigen „geistigen Kraft".

6. Kapitel: Denken und Denken lassen, natürliche versus künstliche Intelligenz

Es geht jetzt darum, die Parallelen zwischen der natürlichen und künstlichen Entwicklung zu immer komplexerem und reflektierterem Verhalten zu schildern. Dies bedeutet zu untersuchen, wieweit die bisher gesammelten Materialien und vor allem die dabei aufgestellten Modelle und Thesen sich durch die Beschreibung von Bau- und Programmierungskonzepten künstlicher Gebilde – Rechnern, Robotern – widerspiegeln lassen, ob solche Konstruktionen dann Leistungen, vergleichbar den menschlichen, zeigen werden. Dies heißt auch zu erläutern, welche Vorhersagen über die Entwicklung sogenannter künstlicher Intelligenz aufgestellt werden können. Nicht zuletzt erlaubt dieses Vorgehen eine Überprüfung der bisher aufgestellten Thesen.

Am schönsten wäre es, wenn man die knöcherne Gehirnschale einfach aufklappen und die Nervenzellen bei ihrem Zusammenspiel beobachten und untersuchen könnte. Dies verbietet sich natürlich, außerdem würde es nichts nützen, weil die Kenntnisse über die Arbeit des Nervengewebes noch recht rudimentär sind. Der Weg von Sinnesorganen über das Nervensystem bis zur Muskelreaktion lässt sich zwar recht genau nachvollziehen, beispielsweise durch Messung der elektrischen Potentiale. Bei vielen Verhaltensweisen werden so Ursache und Wirkung beschrieben, aber das genaue Zusammenspiel zwischen etwas komplexeren Wahrnehmungen, dem Gedächtnis und dann den Reaktionen darauf kann nicht direkt, sondern nur in Form von Modellen und Theorien erfasst werden.

Entsprechend hat es wenig Sinn, die im Verlauf dieser Arbeit gesammelten Verhaltensbeschreibungen noch weiter zu untersuchen und zu überprüfen. Die Kognitions- und Sprachentwicklung in den ersten Lebensjahren ist seit vielen Jahrzehnten ausführlich beschrieben worden. Das Primat der Kognitionsverarbeitung vor und parallel zur Sprachentwicklung steht außer Zweifel[1].

Weniger genau belegt ist die Entwicklung der Einsicht in die Arbitrarität (Beliebigkeit der Zuordnung von Sprachzeichen und Kognitionseindruck). Hier existieren unserer Kenntnis nach nur wenige Studien, die sich auch eher beiläufig mit dem Problem beschäftigen und dies feststellen[2]. Dennoch halten wir es nicht für unsere Aufgabe, auf diesen Komplex jetzt noch einmal einzugehen. Denn es gibt vermutlich auch nur zwei Personengruppen, an denen sich die fehlende Einsicht in die Arbitrarität überprüfen ließe:

Es müsste sich um erwachsene Menschen handeln, die keine Kenntnis von weiteren Zeichensystemen (Schrift, Fremdsprachen) haben. In unserem Kulturkreis wäre es eher schwierig, solche Personen zu finden und zu befragen. Denn die Ursachen für Ihre Eingeschränktheit dürfte in begrenzten intellektuellen Fähigkeiten liegen. Testreihen hätten deshalb nur eine sehr begrenzte Aussagekraft. Völker in anderen Erdteilen (Neuguinea, Südamerika), die noch auf Steinzeitniveau leben, böten sich ebenfalls als Untersuchungsobjekte an. Auch hier bleibt zweifelhaft, ob durch den dann zwangsläufigen Kontakt mit anderen Kulturen aussagefähige Ergebnisse zu erzielen wären.

Weiter – und das ist das Entscheidende – widerspricht die Einsicht in die Arbitrarität nicht dem Primat der Kognitionsverarbeitung als Basis für die Sprachfähigkeit des Menschen. Im Gegenteil, sie erklärt vielmehr, warum wir uns nicht mit der einfachen Tatsache zufrieden geben, dass Sprache lediglich die Kognitionsvorgänge widerspiegelt (wie wir im 4. und 5. Kapitel zeigten), es wird erst durch diese Reflexionsmöglichkeit ein tiefer gehendes Nachdenken über Sprache möglich (das allerdings zu der irrigen Annahme eines eigenständigen Systems Sprache führt).

Deshalb muss jetzt geprüft werden, wieweit die gefundenen Beschreibungen rund um die Komplexe Kognitionsverarbeitung und Problemlösung sich in Computern und Robotern widerspiegeln, und ob die Maschinen menschenähnliche Leistungen

(Künstliche Intelligenz, KI) zustande bringen. (Damit vergleichen wir die Evolutionsgeschichte zu immer intelligenteren Organismen mit der künstlichen Entwicklung.)

Dabei verschleiert der Begriff „Künstliche Intelligenz" die tatsächlichen Zusammenhänge. Wir stellten fest (4. Kapitel Seite 33), dass der Ausdruck „Intelligenz" bei Tier und Mensch als umgangssprachlicher Oberbegriff für ein breites Spektrum an den verschiedensten Denk-, Reflexions- und vor allem Problemlösungsmöglichkeiten aufzufassen ist. Nicht anders steht es mit den Möglichkeiten von Maschinen. Bei den Fertigkeiten von Rechnern handelt es sich um jeweils einzelne, genau abgegrenzte Problemlösungen, die allerdings in den letzten Jahrzehnten stürmisch erweitert und an immer neue Umweltbereiche angepasst wurden.[3]

Aus eher praktischen Gründen (und um die Problematik übersichtlicher beschreiben zu können) muss bei den künstlich erzeugten Leistungen zwischen zwei Bereichen unterschieden werden:

Einmal zwischen denen der stationären Großrechner, die unter anderem in Banken, in Verwaltungen von Firmen oder der Öffentlichen Hand stehen. Darüber hinaus sind solche Rechner die Basis für zum Beispiel das Internet und die dort agierenden Unternehmen.

Und zum zweiten geht es um den Einsatz und die Möglichkeiten der Fertigungsroboter, die in immer mehr Produktionsanlagen einziehen und um andere bewegliche Maschinen, zum Beispiel in absehbarer Zeit selbstfahrende Autos oder weiter denkbar und in der Entwicklung Dienstleistungsroboter (Hotels, Pflegebereiche).

Dabei werden die beide Bereiche auch miteinander verknüpft. So können Roboter über externe „Gehirne" – Rechner – gesteuert werden. Sie verfügen dann auch über erheblich größere Leistungen. Die beiden Ausdrücke „Computer" und „Rechner" werden hier synonym verwendet. Der Ausdruck Roboter steht für eine Maschine, die durch einen Rechner gesteuert wird. Ein Roboter hat Wahrnehmungsbauteile/Sensoren (Input) und Aktionselemente also z.B. Arme, versehen mit Werkzeugen, oder Räder

(Output). Die Verbindung zwischen Input und Output geschieht über den Rechner, wobei der nach eingespeicherten Programmen und den jeweiligen Sensordaten agiert.

Die Leistungssteigerung von Rechnern lässt sich am einfachsten am Beispiel der Entwicklung von Fertigungsrobotern und anderen beweglichen Maschinen beschreiben:

Noch vor wenigen Jahrzehnten galt es als abwegig und ins Reich der Fiktion gehörend, dass von Rechnern gesteuerte Maschinen Fähigkeiten entwickeln würden, die sich mit menschlichen Leistung vergleichen ließen. Das zeigte sich auch am Beispiel der ersten Roboter, die beispielsweise in Autofabriken eingesetzt wurden.

Schweißroboter, die schon früh eingesetzt wurden, sind blind und taub. Die Blechteile, die durch sie zusammengesetzt werden, müssen an exakt definierten Orten stehen. Hohe Zäune schützen vor den massigen Maschinen, da sie die programmierten Abläufe ohne Rücksicht auf Hindernisse durchführen.

Als nächstes wurden Roboter Anfang der achtziger Jahre des vorigen Jahrhunderts entwickelt, die Reservereifen in die Mulden des Kofferraumes legten und bald danach auch solche, die Räder bzw. Felgen montierten. Das Ziel war, Menschen von schwerer körperlicher Arbeit zu befreien.

Bei der Reifenmontage beispielsweise war das Problem zu lösen, dass die Schrauben, auf die die Felgen gesetzt werden, immer in einer anderen Position standen. Für einen Menschen ist das eine auf den ersten Blick lächerliche Aufgabe, die schon ein zwei- bis dreijähriges Kind bewältigt. Ein der Radmontage vergleichbares Problem wäre es, ein einfaches Puzzle zu lösen. Dabei müssen unterschiedliche Teile in vorgegebene Formen eingepasst werden. Es handelt sich dabei um eine klassische Kognitionsverarbeitung. Das wahrgenommene Bild des Puzzles muss mit dem Bild des einzufügenden Teils verglichen werden und dieses so gedreht werden, dass es hineinpasst. Erst als genügend Rechnerkapazität zur Verfügung stand, konnten auch Roboter solche Aufgaben erfüllen, es ließen sich die optischen Wahrnehmungen mit Bewegungen verknüpfen, hier am Beispiel der Reifenmontage[4].

Der Fortschritt der maschinellen Fertigkeiten kann dabei durch das „Mooresche Gesetz" beschrieben werden. Es geht zurück auf den Intel-Mitbegründer Gordon Moore[5], der bereits 1965 prognostizierte, dass sich immer weiter fortlaufend die Größe von integrierten Schaltkreisen (Prozessoren)[6] in kurzer Zeit halbiert – also die doppelte Rechenleistung (durch die doppelte Anzahl von Schaltelementen) auf gleicher Fläche angeboten werden kann. Inzwischen geht man davon aus, dass dieser Zeitfaktor etwa 18 Monate beträgt.

Entsprechen konnten im Laufe der letzten Jahrzehnte immer höhere Leistungen – sprich Verarbeitungen von Wahrnehmungen/Sensorendaten – in den Steuerelementen von Robotern erzielt werden. Und natürlich stiegen entsprechend parallel dazu auch die Verarbeitungsmöglichkeiten in den stationären Rechnern – den Großrechnern aber auch in PCs, Tabletts oder Smartphones – die laufend gewaltigere Datenmengen bewältigen.

Gerade das letzte Stichwort „Smartphone" spiegelt die rasante Rechnersteigerung wieder. Ein mittelmäßiges Handy verfügt heute (2020) über weitaus mehr Rechnerleistung als die, die beispielsweise bei der ersten Mondlandung 1969 für die Landungsfähre verfügbar war. Was vor wenigen Jahren ausschließlich als tragbares Telefon begann, ist längst zu einem leistungsfähigen Computer geworden.

Wenn in den Rechnern die einzelnen Prozessoren miteinander verbunden werden, dann entsteht so etwas, das sich möglicherweise mit den Verbindungen von Gehirnzellen untereinander vergleichen lässt. Es wird hier von künstlichen neuronalen Netzen[7] gesprochen. Solche Strukturen ermöglichen es inzwischen, die komplexesten Abbildungen aus einer Unzahl von Vorlagen zu erfassen, wobei die Leistungssteigerungen stürmisch voranschreiten. Nur ein Beispiel von vielen ist die immer perfekter werdende Fähigkeit von Maschinen individuelle Gesichter aus Videoaufnahmen von Überwachungskameras zu erkennen. In der Medizin soll die Untersuchung von Zellstrukturen durch Maschinen zu genauere Diagnosen führen. Und täglich kommen neue Leistungen hinzu.

Dabei erlaubt die immer differenziertere Wahrnehmung (Verarbeitung von Sensorendaten) Maschinen in stetig neuen Zusammenhängen einzusetzen. Bestes Beispiel dafür ist die Entwicklung von selbstfahrenden Wagen, die nur funktionieren, wenn sie ihre Umgebung – andere Wagen, Menschen, Straßenbegrenzungen und weiteres – erfassen und miteinander in Bezug setzen.

Inzwischen vergeht kaum ein Tag in denen nicht in den Medien über neue Einsatzmöglichkeiten von „intelligenten Maschinen" berichtet wird und dies allzu oft spekulativ übertreibend geschieht.[8] Deswegen ist es jetzt nötig zu beschreiben, wie die Konstruktion von immer leistungsfähigeren Maschinen zu bewerten ist, nach welchen Prinzipien dies abläuft und welche Vorhersagen und Parallelen zwischen natürlicher und künstlicher Entwicklung feststellbar sind.

Wir schildert im vierten und fünften Kapitel die sich allmählich im Lauf der Evolution steigernden Problemlösungs- und Denkmöglichkeiten. Vor allen Dingen zeigt sich bei Tieren und parallel in Laufe der Kindheit eine immer umfassendere Verarbeitung von Umweltdaten – sprich Wahrnehmungs- oder Kognitionsverarbeitung, die dann zu immer besserem Problemlösungsverhalten führt.

Exakt diese allmähliche Leistungssteigerung läuft auch bei von Rechnern gesteuerten Maschinen ab. Es besteht kein Zweifel daran, dass Maschinen ebenfalls eine Art Evolution durchlaufen, allerdings mit dem Unterschied, dass diese künstliche, von Menschen in Gang gesetzte Entwicklung rasant schnell vonstatten geht. Zwangsläufig stellt sich deshalb auch die Frage, welche Leistungen die Maschinen erreichen können, ob sie in der Lage sein werden, dem Menschen Gleichwertiges zu leisten oder ihn zu übertreffen.

Grundsätzlich gilt, dass alle Möglichkeiten (Verhaltensweisen und die anatomisch-physiologischen Funktionen), die Tiere und dann auch Menschen zeigen, „formalisierbar" (digitalisierbar) sind. Am Beispiel der akustischen (lautlichen) Sprachsignale kann das deutlich gemacht werden:

Die Lautsprache wird durch Luftschwingungen analog weitergegeben. Diese in Wellen schwingenden Signale lassen sich mit einem zweidimensionalen Koordinatensystem erfassen. In geringen Abständen wird jedem Punkt der Wellenlinie ein Zahlenwert des Koordinatensystems zugeordnet (es wird digitalisiert). Wenn diese Zahlenwerte übermittelt werden, dann können sie wieder in eine Wellenlinie „übersetzt" und damit als Schallschwingung verständlich werden.

Die Entwicklung der Telefonie spiegelt dies wider. Etwas vereinfacht stand am Anfang ein Kohlemikrofon, das die Schallwellen in pulsierenden Strom umwandelte. Diese Stromimpulse wurden über Leitungen zu einem Hörer geführt, brachten dort einen Elektromagneten mit Resonanzkörper zum Schwingen und erzeugten so wieder Schallwellen. Es fand eine analoge Übermittlung statt.

Heute werden die analogen Schallwellen im Telefonmikrofon digitalisiert. Die Zahlenwerte werden verschickt und beim Empfänger wieder in analoge Schallschwingungen umgewandelt.

Dieses einfachste Beispiel der Verarbeitung von Schallwellen kann auf alle anderen Verhaltensformen von Lebewesen von den Anfängen bis hin zu komplexesten Möglichkeiten Schritt für Schritt beschrieben werden, wobei immer gewaltigere Mengen an unterschiedlichsten Daten miteinander in Bezug gesetzt werden. Dabei lässt sich kein Entwicklungsschritt und keine Leistungssteigerung beobachten, die nicht formalisierbar und damit digitalisierbar wäre. Damit beantwortet sich die eingangs gestellte Frage: Auch rechnergesteuerte Maschinen müssten *theoretisch* alle menschlichen Leistungen hervorbringen können, bis hin zu höheren Denk- und Bewusstseinsfähigkeiten.

Erfasst und dann verarbeitet werden Daten von Rechnern mit Hilfe von sogenannten Algorithmen. Algorithmen sind Konstruktionsvorschriften (Programme) zur Lösung eines in Elementarschritte zerlegten Problems[9]. Die Methodik stammt ursprünglich aus der indischen Mathematik. Sie spielt vor allem in der Informatik eine Rolle, kommt aber auch in vielen anderen Wissenschaftszweigen, Arbeits- und Lebensbereichen zum Einsatz. Wobei die Formulierung eines Algorithmus auch in natürlicher

Sprache geschehen kann. Ein einfachstes Beispiel dafür wäre die Errechnung des sogenannten Body-Mass-Index (BMI). Dabei wird das Gewicht in Kilogramm, durch die Körpergröße in Metern mit sich selbst multipliziert, geteilt.

Ein anderes Beispiel für den Einsatz von Algorithmen sind Computer in Banken, die entscheiden, ob ein Kunde kreditwürdig ist. In den Rechner werden Daten wie Alter, Gesundheit, Beruf, Wohnort, Besitz und anderes mehr eingegeben. Der Algorithmus errechnet dann, ob Geld ausgezahlt werden kann.

Wieweit – bis zu welcher Leistungssteigerung – der geschilderte Einsatz von Algorithmen auch *praktisch* umgesetzt werden wird oder kann, muss jetzt geklärt werden. Deshalb wieder zurück zum Komplex der Entwickelung von Fertigungsrobotern, selbstfahrenden Autos und Großrechnern. Die Leistungssteigerungen sind heute schon in vielen Bereichen beobachtbar, beziehungsweise lassen sich sicher vorhersagen.

Wir schilderten oben das Beispiel der Radmontage durch einen Fertigungsroboter und verglichen es mit der Leistung eines zwei- bis dreijährigen Kindes, das ein Puzzle spielt. Daraus lässt sich ablesen, dass die Maschine in einer Fabrik, die bei dem Bau von Autos eingesetzt wird, keiner höheren Fähigkeiten bedarf als die ein Kleinkind hat. Die wesentlichen Unterschiede zwischen Kind und Maschine sind nur die, dass die Aufmerksamkeit des Kindes je nach Alter nur eine begrenzte Zeit anhält, und es sich sehr leicht von Umwelteinflüssen, Wertungen und Motivationen ablenken lässt. Deswegen sind die Maschinen in diesem genau definierten Arbeitsbereich natürlich haushoch überlegen.

Allerdings wird diese „Intelligenz" der Fertigungsmaschinen von der Summe der einzelnen Fähigkeiten des Kleinkindes wiederum weit übertroffen: Die Roboter erfassen nur einen Bruchteil ihrer Umwelt, meistern keine Umwege, geraten ins Stocken, wenn sich in ihrer Umgebung etwas ändert, sie erkennen keine Gesichter, verfügen nicht über Sprache, lernen nicht von alleine und so weiter.

Es ließe sich jetzt einwenden, dass jede einzelne der aufgezählten Fähigkeiten inzwischen auch von Maschinen beherrscht wird. Sie müssten also nur in einem „Universalroboter" gebündelt werden. Und da jede der einzelnen Leistungen von den Maschinen perfekter gezeigt wird, als es Menschen können, müsste dieser Universalroboter mit einem gigantischen „Computerhirn" auch über eine „Superintelligenz", weit höher als die menschliche, verfügen. Diese These wird seit etwa zwei Jahrzehnten und bis heute immer wieder aufs neue von verschiedenen Autoren vertreten[10].

Tatsächlich ist diese These mit einigen Mängeln behaftet, auch wenn sie nicht ganz von der Hand zu weisen ist, aber sie muss unbedingt hinterfragt und genauer formuliert werden.

Der Fehler dieser Autoren (Moravec u.a. siehe Anmerkungen), die alle in technischen Bereichen (Informatik, Roboterbau, Computerprogrammierung usw.) zu Hause sind, liegt darin, dass sie Begriffe wie Intelligenz, Bewusstsein oder Sprache verwenden, ohne sie auch nur ansatzweise zu definieren, geschweige denn ihren Aufbau im Rahmen einer allmählichen Evolution zu bedenken. Wir haben in den ersten sechs Kapiteln dieser Arbeit beschrieben, wie komplex das Zusammenspiel zwischen der Kognitionsverarbeitung und dem Aufbau von Sprachfähigkeiten ist. Unabdingbar für den Ablauf von Handlungen und Denkvorgängen ist die Beachtung von Motivationen und Wertungen. Nicht zuletzt bauen auf der Entwicklung von Ich-Identität und der Reflexionsfähigkeit (Kurzzeitgedächtnis), Einsicht in die Arbitrarität, die Annahmen einer eigenständigen Bewusstseinsebene auf. Ohne die Berücksichtigung einer Fülle von biologischen, physiologischen und psychologischen Fakten ist keine verlässliche Vorhersage über die weitere Entwicklungen der „künstlichen Intelligenz" möglich, erst recht lassen sich kaum halbwegs genaue Zeitangaben angeben, wann welche Leistungsstufe erreicht werden wird[11].

Dennoch ist nicht von der Hand zu weisen, dass die „Geschöpfe" der Techniker immer leistungsfähiger werden und immer mehr Bereiche erobern, die lange dem Menschen vorbehalten schienen. Der Grund dafür: Es ist bedauerlicherweise[12] nicht notwendig, sich mit biologischen oder psychologischen Fragen auseinander zu setzten, um immer leistungsfähigere Maschinen zu konstruieren. Ingenieure gehen „einfach" von einem bestimmten Arbeitsbereich (einer definierten Umwelt) aus, in dem die Maschinen erfolgreich agieren müssen und statten dafür ihre Geräte mit immer komplexeren Sensoren, Rechnergehirnen und Werkzeugen aus. So gibt es inzwischen Fertigungsbänder in Autofabriken, an denen weitgehend Robotern arbeiten. Ein Vorreiter dieser Entwicklung ist der Autobauer Tesla, der Wagen von Fertigungsmaschinen zusammenbauen lässt[13]. (Damit läuft die technische Entwicklung ab wie die natürliche Evolution. Auch im Evolutionsablauf gibt es keinen gerichteten „Plan", wohin die Herausbildung neuer Spezies führt oder führen könnte.)

Zwei Aspekte lassen sich aus diesen Beispielen ableiten: Die mehrfach erwähnte Parallele zwischen dem natürlichen Evolutionsablauf und der Entwicklung immer komplexerer Maschinen kann nicht bestritten werden. Und zweitens liegt die Vorhersage der Entstehung von immer intelligenteren Maschinen auf der Hand. Dabei wird immer nur soviel an „klügeren" Maschinen geschaffen, wie gerade an Problemen (Arbeitsaufgaben) bewältigt werden muss. Das mag banal klingen, aber ist der einfachste Nenner, um einen gesicherten Blick in die Zukunft zu ermöglichen.

Allerdings muss sofort eingeschränkt werden, dass eine Steigerung der Rechenleistung (im Sinne des Mooreschen Gesetzes) nicht auch automatisch eine Verbesserung der Denkqualitäten mit sich bringt. Immer wieder werden Behauptungen aufgestellt, dass alleine durch die Weiterentwicklung von elektronischen Steuerelementen auch neue Qualitäten bis hin zu Bewusstsein entstehen würde. Argumentiert wird damit, dass die Strukturen von Computern so kompliziert und komplex sind, dass die Maschinen zwangsläufig in einer weiteren Stufe der Entwicklung die Konstruktion übernehmen müssten und so Schritt für Schritt gigantische Intelligenzsteigerung weit über die Leistungsmöglichkeiten des Menschen hinaus erzielt würden.[14]

Solche Behauptungen haben den grundsätzlichen Fehler, dass nicht berücksichtigt wird, dass höhere Denkfähigkeiten

(Selbstreflexion, Bewusstsein) eine Fülle an weiteren Bausteinen über die reine Rechnerleistung hinaus benötigen. Dies beginnt, wie festgestellt, mit komplexeren Wahrnehmungsverarbeitungen, die Zeitabläufe und Wertungen berücksichtigen müssen, um etwas anspruchsvollere Aufgaben zu bewältigen. Und nicht zuletzt muss das weite Feld der Sprachentwicklung dabei berücksichtigt werden.

Es kann deshalb noch einmal festgehalten werden, dass eine Zukunftsvorhersage, die von einer übermenschlichen Intelligenz spricht, noch lange nicht belegbar ist. Sicher ist dagegen, dass die meisten Arbeiten in Fabriken oder Büros, die sich in kleine Schritte zerlegen lassen, von Maschinen übernommen werden können. Sobald die Herstellung oder der Kauf einer solchen Maschine in etwa dem Jahresgehalt eines Menschen entspricht, ihre Lebensdauer aber deutlich länger ist, dann wird der menschliche Arbeiter ausgemustert. Daran kann kein Zweifel bestehen.

Auf lange Sicht werden aber die künstlichen Arbeiter kaum die Denkfähigkeiten eines niederen Tieres oder eines Kleinstkindes übertreffen, wobei sie dann auch in nur sehr stark eingeschränkten Umwelten eingesetzt werden können[15].

An einem Beispiel lässt sich das deutlich machen: Wenn Handwerker den Auftrag erhalten ein altes Haus zu sanieren, dann müssen eine Fülle an Einzelheiten koordiniert werden. Die Statik des Gebäudes ist zu überprüfen – wieweit können Wände versetzt, Öffnungen für neue Fenster gebrochen oder Dächer isoliert werden. Die Versorgungsleitungen (Wasser, Heizung, Strom) sind zu kontrollieren, neu zu verlegen, jeweils in Abstimmungen mit der Veränderung der Aufteilung der einzelnen Räume im Gebäude. Nicht zuletzt sind Geschmacksfragen der Bauherren oder zukünftigen Bewohner des Hauses zu berücksichtigen. Fußboden und Wandbelege müssen mit der Nutzung der einzelnen Räume in Bezug gesetzt werden, um nur einige der vielen Aufgaben zu nennen, die aufeinander abgestimmt werden müssen und die dann bei der Durchführung der Arbeiten an unvorhersehbare Strukturen eines alten Hauses an zu passen sind.

Undenkbar, dass auf absehbare Zeit Maschinen solche Probleme bewältigen. – Allerdings könnten die verbauten Teile (die Fenster oder das Heizungsgerät) aus einer Fabrik stammen, wo sie von Fertigungsrobotern zusammen geschraubt wurden.

Es steht jetzt noch aus, sich etwas genauer mit zwei Bereichen zu befassen, die bisher nur kurz oder noch gar nicht beschrieben wurden, aber deren Analyse notwendig ist, um zu einer abschließenden Einschätzung über die Parallele zwischen der Entwicklung natürlicher und künstlicher Intelligenz zu gelangen: Es handelt sich einmal um Großrechner und dazugehörige Datenspeicher und zum zweiten um die Frage, wieweit schon Sprache, vergleichbar der menschlichen, von Maschinen beherrscht wird.

Fast täglich wird in den Medien – und zwar keineswegs nur in Fachzeitschriften, sondern auch in sogenannten Publikumsblättern und im Fernsehen – über unkontrollierte, gewaltige Datensammlungen aus allen Lebensbereichen berichtet. Wobei das Erstaunlichste an der Geschichte ist, dass die meisten Menschen ihre Daten freiwillig herausrücken. Google, Amazon und Co. sammeln Informationen über unser Kaufverhalten, unsere Finanzkraft, Reiseziele, Unterhaltungsvorlieben und so fort. Mit diesen Daten und den Folgerungen daraus (die mit Hilfe komplexer Algorithmen gewonnen und verarbeitet werden) wird munter Handel getrieben. Nicht zuletzt staatliche Stellen – je nach dem wie autoritär ein Land ist – versuchen Zugriff auf solche Daten zu bekommen, wie es tatsächlich seit einigen Jahren in China geschieht.[16]

Aber auch Behörden legen immer größere Datenspeicher an. Sie kontrollieren an neuralgischen Punkten (Bahnhöfen, Flughäfen) mit Überwachungskameras, wobei die Aufnahmen und Aufzeichnungen immer perfekter mit Gesichtserkennungs-Software untersucht und gespeichert werden.

Solche Datensammlungen und ihre Analyse scheinen auf den ersten Blick vergleichbar mit der natürlichen Denkentwicklung zu sein. Auch Menschen sammeln (speichern, lernen) von klein auf bis ins hohe Alter Erfahrungen (Wahrnehmungen). Wobei

---

natürlich nicht nur einfach Erlebnisse gespeichert werden, sondern sie werden auch im Rahmen des Kognitionsvorganges verarbeitet und in damit in Wertungszusammenhänge eingeordnet. Neue Situationen und andere Menschen werden dann nach diesen Erinnerungen beurteilt und lösen Verhalten (Handlungen) aus.

Wertungen finden sich durchaus auch schon in Datenspeichern. Wir schilderten oben das Beispiel des Bankrechners, der Vorgaben über die Kreditwürdigkeit eines Kunden macht. Google, Amazon und Co. bewerten, wie ebenfalls schon gesagt, systematisch die Gewohnheiten von Usern, um dies kommerziell zu nutzen. Und nicht zuletzt kann der Besuch bestimmter Webseiten oder Handyverbindungen zu Wertungen führen, sobald jemand in das Fadenkreuz einer nachrichtendienstlichen Ermittlung gerät.

In vielen Fällen sind dabei keine Menschen mehr zwischen die Datensammlung und Analyse und beispielsweise die dadurch mögliche gezielte Aussendung von Werbebotschaften eingesetzt. Darüber hinaus ist es nur eine Frage der Zeit, bis Datenspeicher mit beweglichen Maschinen (Robotern), zusammengeschaltet werden. Heute werden Kampfdrohnen noch von weit entfernten menschlichen Piloten gesteuert. Morgen könnten Kampfroboter in Echtzeit ihre aufgefangenen Sensorendaten mit solchen in fernen Computerspeichern vergleichen und dann nach den elektronischen Wertungen handeln. Und natürlich könnten auf diese Weise auch Fertigungsroboter anspruchsvollere Aufgaben erfüllen. Wobei bei einer solchen Zusammenschaltung von externen Großrechnern und „handelnden" Maschinen die Einschränkung gilt, die wir am Beispiel der Handwerker, die ein Haus sanierten, beschrieben. Selbst mit Großrechnern als externen „Gehirne" werden Maschinen noch auf lange Zeit immer nur bei eingeschränkten, genau abgegrenzten Aufgaben eingesetzt werden können.

Es gilt jetzt noch die Frage nach dem Komplex Sprache zu klären und wieweit der heute schon von Maschinen beherrscht wird?

Auf den ersten Blick scheint es so, als verfügten inzwischen schon Rechner über sprachliche Fähigkeiten, die mit den menschlichen vergleichbar sind. Alexa, Siri und andere sind bereits in Millionen Haushalten eingezogen und werden nicht nur für die Bestellung von Waren oder Dienstleistungen genutzt, sondern steuern auf sprachliche Befehle hin auch Haushaltsgeräte von der Heizung bis zur Musikanlage. Kinder sollen sich – wenn man Zeitungsberichten glauben darf – Rechen-Hausaufgaben von Alexa haben lösen lassen.

Programmiert ist, dass Fernbedienungen bald der Vergangenheit angehören werden. Statt Tasten zu drücken, wird ein sprachlicher (akustischer) Befehl genügen. Die technischen Voraussetzungen dafür sind bereits erarbeitet worden.

Aus diesen Anwendungsbeispielen lässt sich aber nicht schließen, dass die Maschinen auch tatsächlich Fähigkeiten haben, die mit der des Menschen und seiner Sprache vergleichbar sind. Dies zeigt schon ein kurzer Blick auf die Konstruktionsgrundlagen künstlicher Sprachsysteme: Ausdrücklich werden dabei von den Technikern semantische und pragmatische Aspekte der Sprache ausgeschlossen[17]. Das bedeutet, dass die Basis des natürlichen Spracherwerbs und -aufbaus, die Verarbeitung der Kognitionseindrücke, keine Rolle bei den künstlichen Sprachen spielt. Es werden „lediglich" mit komplexen Algorithmen aus gewaltigen Datenbanken Häufigkeiten und Wahrscheinlichkeiten miteinander in Bezug gesetzt. Allerdings sind die dahinter stehenden Rechenoperationen dank immer leistungsfähigerer Computer in den letzten Jahren so perfekt geworden, dass Anwender im Gespräch mit der Maschine kaum den Unterschied zwischen natürlicher und künstlicher sprachlicher Äußerung erkennen[18].

Damit scheinen die Maschinen eine Voraussetzung zu erfüllen, nach der ihnen selbständiges, bewusstes Denken möglich zu sein scheint. Dieses Kriterium wurde zuerst von dem britischen Mathematiker Allan Turing 1950 als ein Gedankenexperiment formuliert[19]. Dieser sogenannte Turing-Test in seiner Grundform bedeutet, dass eine Versuchsperson über eine Computertastatur und einen Bildschirm mit einem anderen, nicht sichtbaren Individuum spricht und herausfinden muss, ob eine Maschine oder ein Mensch die Antworten gibt.

Dieser Test ist entsprechend den Fortschritten der Informatik weiterentwickelt worden. Heute kann für die Testkonversation künstlich erzeugte akustische Sprache verwendet werden. Je nach der Testsituation sind 30 bis 90 Prozent der Versuchspersonen überzeugt mit einem Menschen zu sprechen. Besonders hohe Treffer erzielte ein im Mai 2018 von Google vorgestelltes System namens „Duplex". „Dabei führte die Künstliche Intelligenz einen Anruf bei einem Friseursalon, einem Restaurant usw. durch, um eine Terminvereinbarung vorzunehmen. Ziel war es, die Sprache so natürlich wirken zu lassen, dass das Gegenüber nicht mehr erkennt, dass es sich beim Anrufer um eine Maschine handelt. Dazu wurden Denkpausen, absichtliche Ungenauigkeiten und Laute wie 'aha' und 'hmm' etc. eingefügt, wodurch die Sprache menschlich klingen soll."[20]

Auch wenn ein hoher Prozentsatz der Versuchspersonen (und sicher auch viele Menschen, die Alexa und Co. zu Hauses haben) der Meinung sind, dass eine denkende Intelligenz hinter den künstlichen Sprachsystemen stecke, so ist diese Auffassung nicht haltbar. Kritik an der Aussagekraft von Turing-Tests und der Einschätzung von künstlichen Sprachsystemen findet sich schon früh bei verschiedenen Autoren.

Einer der ersten, der ein sprachliches Dialogsystem für einen Computer entwickelte, war 1966 der Computerwissenschaftler Joseph Weizenbaum[21]. Dabei wurden die Fragen über eine Tastatur eingegeben, die Reaktionen des Rechners erschienen auf dem Bildschirm. Als Vorbild diente dem Wissenschaftler ein spezielles Psychotherapeuten-Programm, das auf den amerikanischen Psychologen und Therapeuten Carl R. Rogers zurückgeht. Etwas vereinfacht funktioniert das therapeutische Gespräch von Seiten des Psychiaters wie eine Art Echo und bringt dadurch den Patienten zum Sprechen. Der Patient hat bei dieser Methode dennoch das Gefühl, dass er verstanden wird. Jemand hört ihm zu, er kann sich seinen Ärger von der Seele reden.

Weizenbaum nannte sein Programm „Eliza" entsprechend der Hauptfigur in der Komödie „Pygmalion" von George Bernard

Shaw. Sinnigerweise wurde dann auch der Name „Doktor" für das Programm geläufig.

Es entstanden dabei Dialoge wie der folgende. Der Computer (hier in Großbuchstaben) führt ein Gespräch mit einer jungen Frau:

Die Männer sind alle gleich.

IN WELCHER WEISE?

Sie machen uns immer wegen irgendwas verrückt.

KÖNNEN SIE EIN BEISPIEL NENNEN?

Na ja, die Idee zu diesem Gespräch stammt von meinem Freund.

DIE IDEE ZU DIESEM GESPRÄCH STAMMT VON IHREM FREUND?

Er sagt, dass ich oft deprimiert bin.

ES TUT MIR LEID VON IHNEN ZU HÖHREN; DASS SIE DEPPRIMIERT SIND.

Das stimmt, ich bin unglücklich.

GLAUBEN SIE; DASS DIESES GESPRÄCH IHNEN HILFT; NICHT MEHR UNGLÜCKLICH ZU SEIN?

Ich brauche jedenfalls Hilfe, das steht fest.

WAS WÜRDE ES FÜR SIE BEDEUTEN HILFE ZU BEKOM-MEN?

Vielleicht könnte ich lernen, mit meiner Mutter auszukom-men.

ERZÄHLEN SIE MIR MEHR ÜBER IHRE FAMILIE!

Nicht nur auf den ersten Blick wirkt das Gespräch verblüf-fend echt, und tatsächlich ist auch für die Versuchspersonen kaum zu durchschauen, ob ein Mensch oder eine Maschine die Antworten gibt. Nur eine Handvoll Stichworte müssen von der Maschine erkannt und eingeordnet werden. Wenn der Computer nicht weiter weiß, fragt er einfach: „WAS MEINEN SIE DAMIT?" Oder antwortet mit anderen formelhaften Sätzen.

Ein unglaubliches Echo erzielte Weizenbaum mit seinem Doktor-Programm. Allen Ernstes schlugen manche Therapeuten vor, das Programm auszubauen und bei psychiatrisch unterver-sorgten Bevölkerungsgruppen – Arbeitslosen oder Studenten – einzusetzen.

Den Höhepunkt absurder Reaktionen erlebte Weizenbaum eines Tages bei seiner langjährigen Sekretärin, die die Inhaltsleere des Programms kannte, aber völlig verdrängte. Er überraschte sie dabei, dass sie sich mit dem Computer unterhielt. Der Wissenschaftler wurde von der Dame mit der Bemerkung aus dem Zimmer gewiesen, das Gespräch habe einen so intimen Inhalt, dass sie mit „Eliza" nur unter vier Augen reden könne.

Weizenbaum wandelte sich nicht zuletzt durch die irritierenden Versuche mit dem Doktor-Programm vom engagierten Befürworter künstlicher Intelligenz zum pessimistischen Kritiker.

Eine neuere kritische Einschätzung künstlicher Sprachsysteme stammt von dem Philosophen Thomas Metzinger. Er schreibt: „Der Turing-Test ist sicherlich zu schwach, weil er weder ein Kriterium für echte Intelligenz, noch eines für das Vorhandensein von intentionalem Gehalt (also: geistig repräsentiertem Wissen über die Welt) liefert – und schon gar nicht für das, was Philosophen phänomenalen Gehalt nennen."[22] (Damit spricht Metzinger – wenn wir ihn richtig interpretieren und etwas vereinfachen – von kognitiven Verarbeitungen, die in künstlichen Sprachsystemen fehlen.)

Zusammengefasst: Künstliche Dialogsysteme wie Alexa, Siri und andere beherrschen recht gut die Analyse von akustischen Sprachsignalen (Luftschwingungen) und setzen sie in Bezug zu gespeicherten Mustern. Dabei laufen sehr komplexe Rechenoperationen ab und erzeugen so die Illusion eines menschlichen Sprachverständnisses. Was in diesen Systemen aber völlig fehlt, ist ist das Wissen über die reale Welt. Also die Verarbeitung und Speicherung von Sinneseindrücken. Doch genau diese kognitiven Abläufe sind die Voraussetzung für natürliche Sprache und menschliche Intelligenz.

Allerdings sind Maschinen heute schon in der Lage Sensordaten so zu erfassen und zu verarbeiten, dass sie zielgerichtet Aufgaben erfüllen können. (Wir schilderten dies am Beispiel von Fertigungsrobotern in Autofabriken.) Also müssten „nur" Sensorendaten mit den künstlichen Sprachsystemen verbunden werden. Doch was hier so einfach klingt, ist lediglich partiell machbar, weil bisher nur in wenigen ausgewählten Bereichen Sensoren Zusammenhänge so gut erfassen, wie es natürliche Organismen schaffen. Bei Tieren und Menschen werden aber von unterschiedlichsten Sinnesorganen (Augen, Ohren, Geruchssinn, Tastsinn usw.) Daten erfasst und im Nervensystem verarbeitet. Diese Fülle an Datenerfassung (Kognitionsverarbeitung) ist in künstlichen System noch lange nicht möglich. Deswegen sind Maschinen von echter Intelligenz und besonders natürlicher Sprachfähigkeit weit entfernt, die die Basis für höhere Denkleistungen bildet.

Dennoch bleibt zu berücksichtigen, dass Techniker bei der Entwicklung von immer leistungsfähigeren Geräten genau so vorgehen, wie es im Ablauf der Evolutionsgeschichte geschah (wie schon mehrfach festgestellt). Und da je nach der Aufgabenstellung oder dem Anwendungsbereich stetig neue Maschinen konstruiert werden, ist eine kontinuierliche Leistungssteigerung zu erwarten.

Wie schnell diese künstliche Evolution ablaufen und wohin sie führen wird, ist nur schwer vorhersehbar. Aber selbst wenn diese künstlichen Sprachsysteme mit kognitiven Daten verknüpft werden, wird das noch lange auf einem Niveau bleiben, das deutlich unter den Möglichkeiten von Menschen liegt. Aus einem einfachen Grund: Die Fülle an Bausteinen, die Menschen zu reflektiertem Verhalten und der Annahme eines eigenständigen Bewusstseins befähigen, müssen gar nicht alle in Maschinen angelegt sein, um komplexere Aufgaben zu erfüllen – es wäre schlicht unökonomisch. Um beispielsweise ein Auto selbstständig durch den Verkehr zu lenken, ist nicht die vollständige Intelligenz eines erwachsenen Menschen nötig. Wobei, um bei diesem Beispiel zu bleiben, hier noch am ehesten eine Verbindung zwischen künstlichen Dialogsystemen und Sensordaten zu erwarten ist. Die autonomen Wagen müssen mit den Passagieren, anderen Verkehrsteilnehmern und übergeordneten Großrechnern kommunizieren, und dabei zwangsläufig Daten über die sie umgebende Welt in Bezug zu den sprachlichen Äußerungen setzen. Allerdings genügen dafür sehr rudimentäre Sprachfähigkeiten.

Dennoch sind Aufgaben denkbar, für die es sich lohnen könnte, Maschinen mit menschenähnlicher Intelligenz und Reflexionsfähigkeiten zu konstruieren. Beispielsweise ist es absurd, Menschen auf lange Reisen zu unseren Nachbarplaneten zu schicken[23]. Sie sind zu kurzlebig und nicht robust genug, um so etwas zu überstehen. Eine menschenähnliche Maschine wäre da sicher hilfreicher. Bedrohlicher sind Konstruktionen, die von Militärs und Waffenherstellern heute schon überlegt werden.

Es muss zum Schuss dieses Kapitel noch einmal die Frage aufgegriffen werden, ob die Summe der menschlichen Fähigkeiten (körperliche aber vor allem geistige), die einem einzelnen Individuum möglich sind, von einer einzigen Maschinen mit einem einzelnen elektronischen Gehirn geleistet und übertroffen werden kann?

Wenn es gelänge, die Vielfalt einzelner Fähigkeiten, wie wir sie in den ersten fünf Kapiteln dieser Arbeit schilderten, in einer Maschine zu bündeln, dann wäre die jedem Menschen überlegen, weil sie jede einzelne Leistung besser als jeder Mensch zeigen würde. Und auch das künstliche Gehirn würde annehmen, über ein eigenes Bewusstsein zu verfügen. Das ist heute noch Utopie. Denn auf absehbare Zeit werden es immer nur einzelne Möglichkeiten sein, die in künstlichen Geschöpfen verwirklicht werden.

Und noch ein Einwand gegen die Entstehung einer überlegenen Maschinenintelligenz ist möglich. Wir beschrieben im fünften Kapitel, dass wir keine Einsicht in die tatsächlichen Arbeits- und Rechnungsabläufe unseres Gehirns haben. Wir stellten die These auf, dass es gut sei, dass wir auf Grund neurophysiologischer Zusammenhänge diese Abläufe nur mit einer Zeitverzögerung und im Nachhinein erfassen. (Damit knüpfen wir an das an, was wir am Beispiel der Fabel vom „Tausendfüßler" im 5. Kapitel deutlich gemacht haben.)

Zwangsläufig müsste dieses Prinzip auch für künstliche Gehirne gelten. Denn die direkte Einsicht in die Antriebe (Motivationen) müsste auch die Maschine blockieren. Das hieße, eine echte Leistungssteigerung intelligenter Fähigkeiten in Form einer neuen Qualität über die menschlichen Möglichkeiten hinaus wäre gar nicht möglich. Allerdings ließe sich diese These nur beweisen, wenn ein entsprechendes künstliches Geschöpf geschaffen würde.

Diese Frage kann hier also nicht beantwortet werden. Aber sie sollte beantwortet werden, um zu klären, wie Menschen funktionieren und ob sie nachgebaut werden könnten.

Zusammengefasst:

Die Entwicklung sogenannter künstlicher Intelligenz folgt dem Muster, nach dem die natürliche Intelligenz im Laufe der Evolution entstanden ist. Techniker passen ihre Geräte ebenso wie die Natur an immer neue Umweltbedingungen an. Allerdings läuft die künstliche Entwicklung rasant schneller ab, weil sie zielgerichtet ist. Die Entstehung der Tierwelt bis hin zum Menschen wurde dagegen durch zufällige Mutationen im Ablauf von Millionen von Jahren bestimmt.

Vorhersagen über die weitere Entwicklung kranken daran, dass die Beschreibung der natürlichen Intelligenz und die Rolle der Sprache von Computerwissenschaftlern nicht geleistet wird. Aber nur wenn die Entstehung und der Aufbau natürlicher Intelligenzleistungen erfasst wird, kann auch geklärt werden, in welche Richtung und bis zu welcher Qualität die weitere technische Entwicklung gehen wird.

Dennoch kann nicht geleugnet werden, dass alle Fähigkeiten natürlicher Organismen formalisierbar sind, also auch nach digitalen Prinzipien in technischen Geräten nachgebaut werden könnten.

7. Kapitel: Woher kommen wir, wer sind wir, wohin gehen wir?

Sprache ist das Merkmal, dass den Menschen vom Tier unterscheidet, da kein anderes Geschöpf vergleichbares entwickelt hat. Wenn also die Sprachfähigkeit in Form einer Theorie oder eines Modells korrekt beschrieben wird, dann leitet sich daraus auch ein bestimmtes Verständnis von der Natur (der Funktionsweise) des Menschen ab. Darüber hinaus ergeben sich Folgerungen für das Zusammenleben von Menschen, denn durch Sprache werden soziale Strukturen erfassbar und sein Handeln gesteuert. Und da modellhafte Beschreibungen dazu führen nachgebaut zu werden, muss geklärt werden, was es bedeutet, wenn Maschinen menschenähnliche Fähigkeiten entwickeln.

Die Eingangsfragen dieser Schrift können jetzt wieder aufgegriffen werden: Woher kommen wir? Wer sind wir? Wohin gehen wir? Dabei geht es vor allem um die Frage, welche Folgen eine biologisch-naturwissenschaftliche Sprachtheorie für das Bild vom Menschen hat[1]. Es wird in diesem Kapitel unser Ursprung und die Entwicklung bis heute erläutert, die gegenwärtige Situation analysiert und nach der Zukunft menschlicher Gesellschaften gefragt.

Spätestens seit der Darwinschen Evolutionstheorie lässt sich nicht leugnen, dass Menschen in ihren Erbanlagen, ihrem Körperbau, im Zusammenspiel des Nervengewebes mit Sinnesorganen und der Muskulatur auf dem aufbauen, was ihre Vorfahren im Tierreich entwickelt haben. Wir werden mit Verhaltensdispositionen geboren, die deutlich schon bei unseren nächsten Verwandten im Tierreich, den Menschenaffen, beobachtbar sind. Kaum etwas ist beim Menschen neu entstanden. Es sind allenfalls leichte Veränderungen und Vergrößerungen im neuronalen Bereich (der Gehirnstruktur) und dadurch Leistungssteigerungen zu beobachten.

Auch das hier im Mittelpunkt stehende Feld Sprache baut, wie wir nachweisen konnten, auf den Fähigkeiten auf, die schon im Tierreich zu beobachten sind. Das sprachliche Zeichen repräsentiert vorausgegangene Kognitionsvorgänge. Da innerhalb einer Sprachgemeinschaft die gleichen Zeichen für ähnliche Wahrnehmungserfahrungen stehen, kann dadurch die Kommunikation innerhalb einer Gruppe zum Beispiel bei der Nahrungssuche – etwa einer Jagd – besser ablaufen. Diese Möglichkeit dürfte den Gruppen, die darüber verfügten, erhebliche Überlebensvorteile gebracht haben und ist in den Erbanlagen verankert worden.

Gleichzeitig kann Sprache als Werkzeug genutzt werden, das es ermöglicht, unsere Umwelt, aber auch unsere Innenwelt (Empfindungen) und nicht zuletzt soziale Strukturen greifbar zu machen – zu benennen und zu untersuchen.

Es scheint sicher zu sein, dass mit der Entstehung des Homo Sapiens vor rund 150.000 Jahren neben einem größeren Gehirn auch diese kleine genetische Disposition, jedem Eindruck ein zusätzliches Merkmal hinzuzufügen, angelegt wurde. Durch den besseren Informationsaustausch und einen umfangreicheren Werkzeuggebrauch setzten sich diese Spezies gegenüber ihren affenähnlichen Vorgängern und konkurrierenden Arten wahrscheinlich durch.[2]

Erstaunlich an dieser Entwicklung zum Menschen ist, dass dann über Jahrtausende hinweg das Potential, das in der Sprachfähigkeit steckt, so wenig genutzt wurde. Das lässt sich an Nomaden, die versteckt in Urwäldern Südamerikas leben, belegen. Die indianischen Gruppen sind Sammler und Jäger wie einst die ersten Menschen, aber sie unterscheiden sich genetisch nicht von den heutigen. Wenn sie mit modernen Kulturen und Techniken in Kontakt kommen, dann können sie sich innerhalb einer Generation daran anpassen, wobei dies natürlich vor allem für Kinder gilt, wenn sie in einer entsprechenden Umgebung aufwachsen. (Damit wird nahelegt, dass Menschen bei ihrer Geburt lediglich mit den Dispositionen ausgestattet sind, die sie als nomadisch lebende Wesen benötigen. Wir werden diese Beobachtung später noch genauer analysieren.)

Es kann nur darüber spekuliert werden, warum es erst seit rund 8000 Jahren (Jericho, dann ab etwa 4000 v. Chr. in Mesopotamien) mit der Entstehung der ersten Städte und Hochkulturen zu einem deutlichen Leistungsschub kam. Ausgefeilte Techniken zur Bewässerung, Fähigkeiten zur Errichtung größerer Bauwerke, die Bearbeitung von Metallen und nicht zuletzt die Entwicklung von Schriftsprache dokumentieren dies. (3000 vor Chr. Sumerer in Mesopotamien, erst eine Bilderschrift, dann Keilschrift.) Wobei diese Steigerungen vermutlich ihren Beginn mit der Sesshaftigkeit und der Entwicklung von Ackerbau und Viehzucht haben.

Allerdings sind die tatsächlichen Ursachen für die sprunghafte Entwicklung kaum zu erklären. Wir können im Grunde die Leistungssteigerungen nur beschreiben. Dabei liefert die Beschreibung aber auch schon eine gewisse Erläuterung:

Am Anfang der Menschenentstehung war es nicht notwendig, sich mit der Untersuchung der Umwelt und der Entwicklung ausgefeilter Werkzeuge zu beschäftigen. Wie ihre nächsten Verwandten und Vorfahren im Tierreich lebten die ersten Menschen von dem, was die Umwelt an Früchten und Tieren hergab. Erst wenn sie längere Zeit an einem Ort blieben oder bleiben mussten, konnten sie nicht mehr „von der Hand in den Mund" leben, sondern waren gezwungen, neue Verhaltensweisen und Techniken zu entwickeln und ihre Umwelt genauer zu untersuchen. Vorausschauende Planungen, die zum Beispiel die Wachstumszeit von Pflanzen, den Wechsel der Jahreszeiten und die Hege von Tieren berücksichtigte, sicherte dann genügend Nahrung und damit das Überleben.

Es lässt sich so eine kontinuierliche Steigerung annehmen, die Fertigkeiten und Kenntnisse von Generation zu Generation weitergab. Dies war und ist nur mit Hilfe der Sprache möglich.

Das Zusammenleben in größeren Gruppen und in Städten verlangte dann eine Veränderung auch des Umgangs miteinander. Zwangsläufig müssen neue sozialen Regeln gegenüber dem Leben als Nomaden auch dokumentiert werden, beispielsweise bei Streitigkeiten oder dem Austausch von Waren. Möglicherweise ist so Schrift entstanden, die dann auch einen erheblichen

Fortschritt bei der Weitergabe von Erfahrungen und technischen Kenntnissen erlaubt.

Erstaunlich ist, dass es keine gradlinige Entwicklung der technischen Fähigkeiten nach der Entstehung der ersten Hochkulturen gab. Wenn man sich die Möglichkeiten der Ägypter, der Griechen und dann der Römer anschaut, dann verwundert es, dass diese Kulturen nicht den Sprung in die systematischen Naturwissenschaften schafften, sondern die erst in den letzten Jahrhunderten entstanden. (Wobei vergleichbares auch für außereuropäische Kulturen gilt.)

Es bieten sich zwei Erklärungen dafür an: Zum einen gab es in den frühen Kulturen nur einen sehr kleinen Teil der Bevölkerung, der genügend Bildung erhielt, um Weiterentwicklungen voranzutreiben, beispielsweise Schriftsprache beherrschte. Eine systematische Ausbildung – Schulpflicht, Aufbau von modernen Universitäten mit naturwissenschaftlichen Fakultäten – ist erst seit etwa drei Jahrhunderten bei uns entstanden.

Zweitens dürften Beschränkungen durch Machtstrukturen und meist damit verbundene religiöse Überlieferungen eine Weiterentwicklung im technischen wie sozialen Bereichen gebremst haben. Um dies zu verstehen, muss nach den Ursachen (der Entstehung) von Glaubensstrukturen gefragt werden.

Schon Kinder begreifen früh, dass auf eine Ursache eine Wirkung erfolgt. Wenn etwas losgelassen wird, fällt es zu Boden. Wenn ein Ball angestoßen wird, dann rollt er weiter. Entsprechend hat alles irgendeine Ursache. Dies drückt sich auch im Verhalten von Kinder aus, die etwa ab dem dritten Lebensjahr hartnäckig die „Warum-Fragen" stellen.

Es mag leichtfertig und spekulativ erscheinen, auf dieser Beobachtung die Entwicklung religiöser Verstellungen zurückzuführen. Aber wenn in früheren Jahrhunderten der Lauf der Sterne betrachtet wurde, die Gewalt von Wettererscheinungen (Blitze) oder die Frage nach der eigenen Existenz – nach Leben und Tod – gestellt wurde, dann lag es nahe, dafür den Einfluss irgendeiner göttlichen Kraft als Ursache anzunehmen. Und da mit solchen Auffassungen dann auch Strukturen entstanden, die mit ihren Glaubensvorstellungen Herrschaftsinteressen verbanden, wurden zwangsläufig rationale Ansätze, die dies in Frage stellten, verfolgt.

Mit dem Fortschritt an Kenntnissen der tatsächlichen Zusammenhänge des Aufbaus unserer Welt ging dann jedes Mal auch ein Abbau irrationaler Auffassungen einher, wobei es immer wieder zu heftigen Auseinandersetzungen zwischen überkommenen Glaubensvorstellungen und Vertretern neuer Ansätze gab.

Die Geschichte der großen Entdeckungen in den letzten Jahrhunderten, die mit Namen wie Kopernikus, Galilei oder Darwin verbunden sind, belegt dies.[3]

Seit Nikolaus Kopernikus (1473 - 1543) setzte sich allmählich das heliozentrische Weltbild, in dem die Sonne im Mittelpunkt der Planten steht, durch und ist mit seinem Wirken verknüpft, obwohl es schon früher in Griechenland (300 Jahre vor Chr. Aristarchos von Samos) entsprechende Überlegungen gab. Diesen Ansätzen wurde damals nicht weiter nachgegangen und sie sind in Vergessenheit geraten.

Das kopernikanische Weltbild ist das erste Beispiel für eine Entdeckung, die *dem direkten Augenschein widerspricht und nur durch den Werkzeugcharakter der menschlichen Sprache möglich wurde.*[4] (Der tägliche Aufgang der Sonne im Osten, die scheinbare Bewegung über den Himmel und der Untergang im Westen ist eigentlich unumstößlich.)

Von den Zeitgenossen (besonders der katholischen allerdings auch der evangelischen Kirche) wurde deshalb das heliozentrische Weltbild als Hirngespinst aufgefasst. „Man müsse ja, wenn die Erde sich bewegen würde, den Fahrtwind spüren", hieß es. Nicht zuletzt der Widerspruch zur Schöpfungsgeschichte im Alten Testament verbot eine solche Annahme. Das heliozentrische Weltbild galt allenfalls als theoretische Rechenmöglichkeit, um die Bahnen der Planeten besser bestimmen zu können.

Als dann Galileo Galilei (1564 – 1641) in seinen Schriften das kopernikanische Weltbild als Wirklichkeit bezeichnete, wurde er von der Inquisition angeklagt. Galilei hatte 1610 mit dem damals neu entwickelten Teleskop zeitgleich mit dem fränkischen Astronomen Simon Marius die Monde des Jupiters entdeckt.

Damit war der Beweis erbracht, dass es Himmelskörper gab, die nicht um die Erde kreisten. Das Diktum, dass die Erde im Mittelpunkt der Welt ruht und sich alles um sie dreht, war widerlegt.

Galileo Galilei war gläubiger Christ (soweit das an Hand seiner Briefe heute noch feststellbar ist). Er wollte mit seinen Thesen keineswegs eine Revolution entfachen, sondern eher Reformen auslösen und die wortwörtliche Auslegung der Bibel in Frage stellen. Er hatte auch unter Kirchenführern Anhänger, aber in dem Prozess gegen ihn (1633) wurde er gezwungen zu widerrufen, um sein Leben zu schützen. (Die Kirche hat übrigens erst 1992 das Urteil gegen Galilei aufgehoben. Der damalige Papst Johannes Paul II. setzte eine Kommission ein, die zu diesem Ergebnis kam.)

Galilei gilt als wichtigster Begründer der modernen Naturwissenschaften. Seit seiner Zeit setzte sich die Methode durch die Natur durch die Verbindung von Experimenten, Messungen und mathematischen Analysen zu erforschen.

Doch erst im 19. Jahrhundert steht die Entstehung und Funktionsweise des Menschen im Mittelpunkt systematischer naturwissenschaftlicher Untersuchungen. Ein Meilenstein war dabei die künstliche Herstellung von Harnstoff, der sowohl im menschlichen wie tierischen Urin schon im 18. Jahrhundert nachgewiesen wurde, aber erst etwa hundert Jahre später aus einfachen Grundstoffen synthetisiert werden konnte. Bis dahin galt die Lehrmeinung, dass alle organischen Stoffe, die von Lebewesen produziert werden, Zeichen und Produkt einer besonderen Lebenskraft (Vitalismus, geistige Kraft) sein müssten. Es hat dann allerdings noch einmal etwa hundert Jahre gedauert, bis Vitalismustheorien aus naturwissenschaftlichen Arbeiten verschwanden.

Die Entstehung des Menschen im Rahmen der Evolution, wie sie durch Charles Darwin[5] und Alfred Russel Wallace beschrieben wurde, stellt dann den entscheidenden Wendepunkt in der Wissenschaftsgeschichte dar, weil er die Annahme einer Sonderrolle des Menschen widerlegt. Stattdessen die Entstehung aus einer allmählichen Entwicklung belegt.

Wütend bekämpft wurde diese Theorie vor allen Dingen von kirchlichen Kreisen und ihren Anhängern, dabei hat Darwin selbst keineswegs einen Gottesglauben abgelehnt. Er wandelte sich lediglich im Laufe seines Lebens und seiner Entdeckungen vom bibelgläubigen Christen zu einem Agnostiker, für den die Entstehung und der Ablauf der Schöpfung ein unerklärliches Ereignis blieb und durchaus auf einen göttlichen Einfluss zurückgeführt werden könne.

Die Evolutionstheorie und ihre Weiterentwicklung führte zu einem neuen Menschenbild und vor allem einem erweiterten naturwissenschaftlichen Untersuchungsansatz in Bezug auf den Aufbau und die Funktion von Lebewesen. Dabei profitierten auch ursprünglich geisteswissenschaftliche Fächer, wie zum Beispiel die Psychologie, von diesen Prinzipien. Dort werden in der Entwicklungspsychologie Ergebnisse der vergleichenden Verhaltensforschung berücksichtigt. Und biologische Ansätze widmen sich psychologischen Fragestellungen. Zwangsläufig ergeben sich daraus auch gesellschaftliche Konsequenzen. Das folgenschwerste Beispiel dafür sind die Forschungen, die unter dem Namen Kinsey-Report[6] bekannt wurden:

Es dauerte aber unendlich lange, bis die Erkenntnisse Alfred Kinseys in gesellschaftlichen und rechtlichen Rahmenbedingungen einigermaßen umgesetzt wurden. Beispielsweise wurde in der Bundesrepublik Deutschland der Paragraph 175, der seit 1872 „sexuelle Handlungen zwischen Personen männlichen Geschlechts unter Strafe stellt", erst 1994 ersatzlos gestrichen. In der DDR fiel der entsprechende Paragraph schon 1988. Doch auch heute noch wird der Komplex Sexualität in großen Gesellschaftsgruppen tabuisiert oder falsch eingeordnet, das belegt schon der Blick in aktuelle Medienberichte und muss hier nicht weiter ausgeführt werden.[7]

Eine weitere Entwicklung führte vor allem seit dem 19. Jahrhundert zu gesellschaftlichen Umstrukturierungen und veränderten Wertvorstellungen: Die industrielle Revolution. Dabei ist dieser Faktor natürlich nicht vom Aufbau von Forschung und Wissenschaft zu trennen, sondern geht damit Hand in Hand, angetrieben von der Neugier des Menschen nach neuen Wegen und sicher auch der Gier nach immer mehr Reichtum und Macht. Fabriken werden nicht gebaut und immer neue Waren werden nicht erzeugt aus Menschenfreundlichkeit, sondern um Gewinn zu erzielen. Wenn überkommene Wertvorstellungen dem im Wege stehen, dann müssen die geändert werden.

Die Folge dieser vor etwa 10.000 Jahren gestarteten Geschichte (Sesshaftigkeit, Stadtgründungen), die sich in den letzten 150 Jahren rasant beschleunigt hat, ist besonders in den westlichen Kulturen deutlich beobachtbar: Buchstäblich alles kann untersucht und auch verändert werden. Dies gilt nicht nur für Umweltzusammenhänge und technische Möglichkeiten, sondern auch für soziale Bereiche, unsere Lebens- und Arbeitswelt. Hier ist alles denkbar und vieles schon machbar. Die Deutungshoheit der Religionen über Moral- und Wertvorstellungen wurde immer weiter zurückgedrängt.

Ein vor wenigen Jahrzehnten noch kaum vorstellbares Beispiel belegt den rasanten Wandel von Technik und Wertvorstellung. Es können inzwischen Kinder aufwachsen, die fünf Elternteile haben: Zwei biologische, die Ei- und Samenzellen gaben. Eine dritte Person, die die den Zellklumpen aus dem Reagenzglas austrägt, wobei der vorher auf Erbkrankheiten oder sein Erscheinungsbild untersucht wurde. Und zum Schluss ziehen die sozialen Eltern (die auch zwei Frauen oder Männer sein können) das Kind groß.

Heute erleben wir den möglicherweise letzten Akt der Forschungsentwicklung mit der Entschleierung der Sprachfähigkeit und damit verbundener Phänomene wie Bewusstsein und seinem Nachbau in künstlichen Systemen. Dabei ist es belanglos, ob die hier vorgestellte biologische Sprachtheorie zur Kenntnis genommen wird.[8] Da die Konstruktion von problemlösenden Maschinen dem Prinzip der natürlichen Evolution folgt, entstehen immer besser an die verschiedensten Umwelten angepasste Geräte. Zwangsläufig werden dann auch rechnergesteuerte Maschinen über menschenähnliche Sprache und Selbstreflexion verfügen. Spätestens zu diesem Zeitpunkt dürfte auch eine allgemein akzeptierte Sprachtheorie gefunden oder entwickelt worden sein. Wobei wir annehmen, dass es die hier beschriebene sein wird.

Zur Zeit beobachten wir, dass zwei Komplexe aufeinander stoßen: Erstens der Mensch und sein natürlicher Aufbau als Produkt einer Millionen Jahre dauernden Entwicklung und zweitens die technisch kulturellen Entdeckungen der letzten Jahrhunderte. Aus dem Wechselspiel zwischen diesen beiden Bereichen ergeben sich die Antworten auf die Fragen: Wer sind wir? Womit müssen wir heute fertig werden?

Zuerst zum Stichwort menschliche Natur. Damit meinen wir den körperlichen Aufbau und die genetisch bedingten Verhaltens- und Lernmöglichkeiten – also die genetische „Programmierung", die in der befruchteten Eizelle angelegt wird, wenn ein Mensch gezeugt wurde und dann auf die Welt kommt.

Wie schon festgestellt, unterscheiden sich die Erbanlagen nicht von denen, die seit 150.000 Jahren den heutigen Menschen prägen aber schon früher entstanden sind. Sie befähigen ihn in Umwelten zurecht zu kommen, die keine größeren technischen Anforderungen stellen. Dabei sind hier für unsere Untersuchung die genetisch bedingten Verhaltensdispositionen wichtig. Allerdings sind sowohl körperliche Strukturen als auch die Verhaltensmöglichkeiten in weiten Bereichen deutlich älter und wurden schon früh in der Wirbeltierentwicklung angelegt. Besonders der Vergleich mit Menschenaffen belegt dies. Deswegen ist auch der Blick auf das Verhalten von beispielsweise Schimpansen (die zu unseren nächsten Verwandten im Tierreich gehören) hilfreich, weil dabei Grundmuster zu erkennen sind, die beim Menschen durch Erziehung und Umwelt modifiziert werden, aber immer noch die eigentliche Basis des Verhaltens bilden.

Die genetisch bedingten Verhaltensstrukturen des Menschen und seiner tierischen Vorgänger sind darauf ausgerichtet innerhalb und mit einer Gruppe der gleichen Spezies zu überleben. Dabei geht es nicht nur darum, genügend Nahrung zu finden und Schutz vor Gefahren aus der Umwelt zu bewältigen. Es ist darüber hinaus auch wichtig Nachwuchs zu zeugen, um so die

Art zu erhalten und zu verbreiten. Wobei nach Möglichkeit (entsprechend Darwins/Russels Evolutionstheorie) der Beste seine Gene weitergeben sollte.

Bei allen sozial lebenden Arten sind deshalb Rangordnungen zu beobachten, die in zum Teil heftigen Kämpfen festgelegt wurden. Die Rangordnung entscheidet darüber, welches Individuum zuerst Fressen und sich fortpflanzen darf. Wobei auch Pflichten mit solchen Einordnungen verbunden sein können. Beispielsweise der Kampf gegen Feinde oder die Wahl einer Marschrichtung zum nächsten Futterplatz wird vom Ranghöchsten entschieden.[9]

Dabei ist es nicht so, dass solche Kämpfe um die Position innerhalb einer Hierarchie dauernd ausgefochten werden. Sobald die Rangordnung festgelegt wurde, wird sie nicht jeden Tag aufs Neue in Frage gestellt. Beschwichtigungsgesten, Unterwerfungsrituale und andere Mechanismen sorgen dafür, dass nicht ständig Unruhe herrscht. Neue Kämpfe geschehen nur, wenn Krankheit oder Tod zu Ausfällen führt oder der Nachwuchs erwachsen wird und versucht, seinen Platz innerhalb der Gruppe durchzusetzen.

Schon früh wurden solche Hierarchiestrukturen bei Tieren beschrieben. Die sogenannte Hackordnung bei Hühnern gehen auf Untersuchungen aus den zwanziger Jahren des vorigen Jahrhunderts zurück. Es lag schon damals auf der Hand, die Beobachtungen auf das Verhalten des Menschen zu beziehen. Dies ist aber erst Jahrzehnte später systematisch geschehen, als ursprünglich lebende Naturvölker untersucht wurden und dies in Bezug zum Verhalten von Menschenaffen gesetzt wurde. Wegweisend waren dabei die Forschungen von Iräneus Eibl-Eibesfeld, der seine Ergebnisse dann auch auf das Verhalten in westlichen Industrienationen übertrug.[10]

Aus den seit etwa hundert Jahren gesammelten Materialien geht eindeutig hervor, dass Parallelen zwischen Mensch und Tier beim Aufbau von Rangordnungen bestehen. Genetische Grundlagen steuern das Verhalten, wobei sich immer die Frage stellt, wieweit durch Lerneinflüsse in der Zeit des Heranwachsens Modifikationen erfolgen.

Beim Menschen sind Rangordnungsstrukturen und die sprachlich geäußerte Einsicht darin schon im Vorschulalter zu beobachten. Ein Kindergartenkind weiß genau, wer unter den Erwachsenen das Sagen hat, und auch innerhalb der Gleichaltrigen entwickeln sich Rangordnungen.

In der Schulzeit verstärkt sich das. Es kommt eine Verhaltensweise hinzu, die schon bei Schimpansengruppen festgestellt wurde. Fremde und Andersartige werden abgelehnt und bekämpft.

Während und nach der Pubertät werden Gleichaltrige meist wichtiger als Eltern und Familie und hierarchische Strukturen zeigen sich immer deutlicher. Wenn Kinder und Jugendliche sich selbst überlassen oder gezielt in bestimmte Situationen geführt werden, gewinnen die genetisch angelegten Verhaltensformen die Oberhand, wobei dies immer wieder zu brutalen Exzessen führen kann (Jugendbanden in manchen städtischen Gebieten belegen dies.)

Auch experimentell lässt sich dies nachweisen. Besonders bekannt geworden ist ein Versuch, den der Pädagoge Ron Jones 1967 mit 15jährigen an einer High School in Paolo Alto in Kalifornien durchführte. Sein Ziel war es, die Verführbarkeit von Menschen, wie sie im sogenannten Dritten Reich in der NS-Zeit in Jugendorganisationen zu erleben war, den Schülern am eigenen Beispiel deutlich zu machen. Er veröffentlichte darüber später unter dem Titel „The Third Wave"einen Bericht. Der wurde dann zur Vorlage für ein Musical, einen Roman und von Filmen.[11]

Jones teilte in den Experiment den Schülern Rollen zu, führte besondere Grußpflichten ein, sorgte für strenge Disziplin. Innerhalb weniger Tage griffen die Jugendlichen die Vorgaben begeistert auf, grenzten die wenigen Andersdenkenden aus und hielten sich für die Auserwählten einer besonderen Herrenrasse.

Jones brach den Versuch nach wenigen Tagen ab, weil das Verhalten der Schüler kaum mehr zu beherrschen war. Es sollen Verweigerer zusammengeschlagen worden sein. Ein Vater brach in die Schule ein, um genaueres über das Experiment zu erfahren.

Noch vor Jones hat der US-Psychologe Stanley Milgram zwischen 1960 und 1963 eine ausführliche und sehr sorgfältige Untersuchung zum Thema „Gehorsam gegenüber Autoritäten" an der Yale Universität durchgeführt. Sie ist unter dem Stichwort „Milgram-Experiment"[12] in die Wissenschaftsgeschichte eingegangen. Auch Milgram ging es darum, warum in bestimmten politisch-gesellschaftlichen Konstellationen Menschen moralische Prinzipien auf Grund von Anordnungen ignorieren, sich also Rangordnungen fügen. Dabei bezieht er sich auch auf die Situation vor und während des Zweiten Weltkrieges in Europa und nicht zuletzt auf das Morden in den Konzentrationslagern des NS-Regimes.

Der Versuch von Milgram wurde mit unterschiedlichen Modifikationen in verschieden Ländern wiederholt und brachte immer ähnliche Ergebnisse. Darüber hinaus gab es weitere vergleichbare Untersuchungen in den USA, wie 1971 das Stanford-Prison-Experiment an der dortigen Universität[13]. Dabei wurde eine Versuchsgruppe von Studenten in Wärter und Gefangene eingeteilt. Dieses Experiment eskalierte nach kurzer Zeit, so dass es vorzeitig abgebrochen werden musste. Es zeigte sich, dass bereitwillig Machtstrukturen ausgelebt wurden, wobei etwa ein Drittel der Wärter sadistische Züge entwickelte.

Nicht zuletzt die Thematik der Gruppendynamik[14] in der Psychologie belegt, dass Rangordnungen und Machtstrukturen offensichtlich tief im genetisch bedingten Verhaltenspotential des Menschen verwurzelt sind.

Natürlich schildern diese Beispiele nur einen kleinen Teil der Dispositionen, mit denen Menschen ausgestattet sind. Aber es ist der Teil (unsere angeborene menschliche Natur), der mit der skizzierten Entwicklung der letzten Jahrtausende zurecht kommen muss, weil diese Kenntnisse vor allem im Rahmen sozialer Strukturen Anwendung finden.

Damit kommen wir wieder auf die Anfangsfragen dieses Kapitels zurück. Es gilt jetzt die Frage „wer sind wir" genauer zu erläutern:

Wie schon festgestellt, ist unsere genetische Ausstattung mit dem vergleichbar, was heute noch bei Menschenaffen beobachtbar ist. Jeder Mensch wird nur mit diesem Potential geboren, das ihn für ein Leben in überschaubaren Gruppen und in einer natürlichen Umwelt (z. B. Savanne oder Urwald) befähigt. Tatsächlich trifft er aber heute auf eine Welt mit technischen Möglichkeiten sowie kulturellen und gesellschaftlichen Entwicklungen, die in Jahrtausenden gewachsen sind und sich gewaltig von den Rahmenbedingungen des Lebens in der Frühzeit der Menschheit unterscheiden. In der Kindheit und Jugend müssen mühsam diese über viele Generationen entstandenen Veränderungen nachvollzogen, der Umgang damit gelernt und die ursprünglichen, genetisch bedingten Verhaltensdispositionen angepasst werden.

Diese eigentlich banale Tatsache, dass jedes Kind aufs Neue die Erfahrungen der Menschen vor ihm machen muss, kann nicht oft genug betont werden, denn sie erklärt, warum es immer wieder zu barbarischem Verhalten bis in unsere Tage kommt: Anpassung an Rangordnungen und Machtstrukturen innerhalb einer Gruppe und Abgrenzung gegenüber andersartige (Milgram und u.a. haben das mit ihren Experimenten deutlich gemacht).

Deshalb liegt die Konsequenz auf der Hand: Richtige und angemessene Erziehung vom Kindergarten bis zur Hochschule ist die entscheidende Voraussetzung für ein friedliches Zusammenleben von Menschen. Und genau damit beginnt das Problem: *Wer entscheidet, was richtig und angemessen ist?*

Wir leben heute – zumindest in den meisten westlichen Demokratien – in einer Welt, in der alles untersuchbar und alles in Zweifel gestellt werden kann. Die am Anfang dieses Kapitels kurz und sehr komprimiert geschilderte Wissenschaftsgeschichte hat dazu geführt, dass Jahrtausende alte Vorstellung über das, was richtig und falsch im Verhalten und Zusammenleben von Menschen ist, gefallen sind. Dies bedeutet Chance und Gefahr zugleich. Die Chancen bestehen darin, dass überkommene Wert- und Moralvorstellungen auf den Prüfstand gestellt werden und zu einem friedlicheren Zusammenleben führen können. So geschehen am Beispiel der oben beschriebenen Untersuchungen von Kinsey.

Allerdings besteht auch die Gefahr, dass buchstäblich nichts mehr Bestand hat und autoritäre Gruppen leichtes Spiel haben, ihre einseitige Sicht der Welt zu verbreiten. Denn wie die Experimente zeigten, neigen Menschen dazu, nach einfachen Lösungen zu suchen und sich bereitwillig in entsprechende Strukturen einordnen zu lassen.

Auch die in dieser Schrift geschilderte Funktionsweise des Komplexes Sprache führt nicht zu leichten Lösungen. Zwar stellt die Sprachfähigkeit des Menschen (hier der Werkzeugaspekt) die Voraussetzung dafür dar, unsere Umwelt und uns selbst zu analysieren und zu erfassen. Dank Sprache ist es möglich, nicht direkt sichtbare Zusammenhänge (Atome, Moleküle) abzubilden und dann auch neue Strukturen zu bilden. Wobei diese Veränderungen im Bereich der Technik eher einfach zu bewerkstelligen sind. Die gefunden Modelle zum menschlichen Verhalten und die dadurch mögliche Aufdeckung von Fehlverhalten lassen sich dagegen nur sehr mühsam umsetzen.

Wir können einem archaisch lebenden Dschungelbewohner eine moderne Schusswaffe in die Hand drücken und er wird sie schnell zu nutzen wissen. Wir konstruieren gigantische Bauwerke, die Meere überbrücken und schaffen Maschinen, mit denen wir in den Weltraum reisen.

Doch die direkte Einsicht in unser eigenes Verhalten (in unsere Funktionsweise, das Wirken der Antriebe) ist dagegen kaum möglich (das zeigte die Beschreibung des Aufbaus des Bewusstseinsfeldes im 5. Kapitel dieses Buches).[15]

Entsprechend lässt sich auch nur eine sehr oberflächliche Antwort auf die Frage geben, nach welchen Regeln wir unser Zusammenleben gestalten sollten: Vor allem gilt es, die archaischen Grundmuster, mit denen wir zur Welt kommen zu modifizieren. Das heißt, die in der Vergangenheit gewonnen kulturellen Erfahrungen und Untersuchungen müssen die Basis der Erziehung darstellen. (Unter „kulturellen Erfahrungen" verstehen wir die Ergebnisse von Verhaltensanalysen – Milgrim u.a. – aber meinen damit nicht religiöse oder ideologische Vorgaben.)[16]

Bedauerlicherweise müssen wir feststellen, dass es den Rahmen dieser Schrift bei weitem sprengen würde, wenn wir versuchten mehr dazu zu sagen, auch wenn das wieder oberflächlich erscheinen mag. Aber die Hauptaufgabe dieser Arbeit hier war es, die Funktionsweise der Sprache zu beschreiben. Lediglich dadurch, dass Sprache das Charakteristikum des Menschen ist, und dadurch das gesamte Spektrum der Verhaltensweisen beeinflusst, wurden die angesprochenen Problemkreise gestreift.

Die Zusammenfassung zur Frage „wer sind wir?" kann kurz ausfallen: Wir sind heute in der Lage, die menschliche Funktionsweise, und zwar sowohl die physiologischen Zusammenhänge, als auch die Verhaltensursachen, recht genau zu beschreiben. Die vielen Fehler (Kriege, Umweltzerstörung und andere Verbrechen), die in und durch die menschliche Gesellschaft zu beobachten sind, können hier nur konstatiert werden. Bestenfalls lassen sich vermutete Ursachen dafür skizzieren: Sie basieren möglicherweise auf angeborenem und kaum kontrollierten Machtstreben, das auf urtümliche Rangordnungsstrukturen zurückzuführen ist.

Die Frage, wieweit halbwegs gesicherte Vorhersagen über zukünftige Entwicklungen möglich sind („Wohin gehen wir?") ist deshalb zwangsläufig mit großen Unsicherheiten behaftet. Denn damit stellt sich auch die Frage, ob sich zukünftig irrationale Handlungen leichter vermeiden lassen oder neue Probleme entstehen werden.

Dazu muss als erstes die Erkenntnis wieder aufgegriffen und betont werden, dass alle Leistungen des Menschen (körperliche wie geistige) formalisierbar, also digital beschreibbar sind. Was in Jahrmillionen in Anpassung an immer neue Lebensräume entstand, folgt rationalen Prinzipien, Gesetzen, die sich mit Hilfe der Naturwissenschaften erfassen lassen.

Zweitens steht fest: Seit etwa sechzig Jahren läuft eine Entwicklung ab, die die natürliche Evolution in rasender Geschwindigkeit wiederholt. Fähigkeiten, die komplexeren Tieren und dem Menschen vorbehalten schienen, werden in Maschinen nachgebaut.

Vor allem hat diese künstliche Evolution Folgen für unsere Arbeitswelt und die ökonomischen Grundlagen unser Gesellschaften. Es mag noch Jahrzehnte dauern, bis die meisten Arbeitsabläufe tatsächlich von Maschinen (Robotern) bewältigt werden. Grenzen dafür sind nicht feststellbar. Und weiter kommt hinzu, dass technische Möglichkeiten geschaffen wurden, die Manipulationen erlauben, die es im Rahmen der natürlichen Evolution nicht gab. – Die Kommunikation mit und die Überwachung von Millionen Menschen gleichzeitig. Daten sammelnde und verarbeitende Großrechner sind schon heute bestens mit unseren Gewohnheiten vertraut. Und sie werden es in zunehmenden Maße. Wenn beispielsweise in Zukunft autonomes Fahren eingeführt wird, dann werden diese Maschinen über Computersysteme miteinander verbunden. Jeder Weg, den ein Mensch damit zurücklegt, wird registriert und gespeichert.

Diese zwei Bereiche – fortschreitende Automatisierung und immer bessere Kontrolle des einzelnen – verlangen zwangsläufig nach neuen sozialen und ökonomischen Strukturen. Wie diese im einzelnen aussehen könnten, wird zwar schon diskutiert[17], aber sichere Vorhersagen sind dazu nur schwer möglich. Wenn es beispielsweise immer weniger Arbeit für immer mehr Menschen gibt (weil Roboter sie besser und billiger erledigen), dann stellt sich die Frage, wie dann Einkommen finanziert und verteilt werden können.

Es zeigen sich so eine Fülle an Problemen und Fragen, für die erste Ansätze und Lösungen längst vorliegen. Es sind vor allem Fragen nach den Grundzügen unseres augenblicklichen und zukünftigen Wirtschaftssystems.

Zum Beispiel wird ein allgemeines Grundeinkommen spätesten dann nötig, wenn weite Bevölkerungsschichten keine Arbeit mehr finden. Sonst bricht die Nachfrage nach Gütern ein, und ein Kreislauf der Verarmung wird nicht zu bremsen sein. Die Alternative wäre eine strikte Kontrolle des Bevölkerungswachstums und eine Verminderung der Menschenzahl auf diesem Planeten.

Wenn nur noch wenige riesige Unternehmen oder einzelne Personen die Datenströme kontrollieren, muss die Gemeinschaft eingreifen. Autoritäre Staaten, wie beispielsweise China, haben das längst begriffen, und nutzen es, um die dortigen Machtstrukturen aufrecht zu erhalten. In westlichen Demokratien wird eher tatenlos zugeschaut, wie Wirtschaftsunternehmen gewaltige Machtpotentiale aufbauen, die anscheinend auch schon eingesetzt werden, um bestimmte politische Richtungen durch Meinungsmanipulation mit Hilfe der elektronischen Netzwerke zu steuern. Und offensichtlich scheinen auch Staaten diese Möglichkeiten gegenüber anderen Ländern einzusetzen.[18]

Die Gefahren durch die digitale Revolution liegen nicht darin, dass irgendwelche Superintelligenzen in den Rechnern entstehen, sondern darin, dass sie zur Kontrolle und Manipulation der menschlichen Gesellschaften eingesetzt werden, wobei noch (auf nicht absehbare Zeit) Menschen vorgeben (die die Algorithmen programmieren) nach welchen Wertungen die Maschinen arbeiten.

Die Ursache für diese Situation liegt auf der Hand: Seit wenigen Jahrhunderten werden wir von der technisch-industriellen Entwicklung getrieben und gesteuert, eine Abwägung welchen Nutzen oder Schaden neue Produkte haben, findet kaum statt.[19]

Brauchen wir ein stetiges unkontrolliertes Wirtschaftswachstum? Steckt dahinter der archaische Trieb nach mehr Macht? Wenn alle Menschen auf dieser Welt so leben wollen, wie wir in den Industrienationen, wie lange reichen dann die Ressourcen dieser Erde?[20]

Bietet die Abkehr von einem zwangsweisen stetigen Wirtschaftswachstum vielleicht auch Chancen? Könnte dann die Besinnung auf soziale Fähigkeiten und ihre angemessene Honorierung, ein friedlicheres Miteinander, statt der Gier nach immer mehr Reichtum und Macht eine neue Perspektive für die Menschheit eröffnen?

Man könnte zum Schluss dieser Schrift auf die Idee kommen, dass die immer genauere Analyse natürlichen menschlichen Verhaltens auch die Basis für die Konstruktion immer besserer Arbeitsmaschinen liefern sollte. Das ist keineswegs das Ziel dieser Arbeit gewesen. (Die Realität widerspricht dem auch, denn Techniker interessiert gar nicht, wie Menschen aufgebaut sind.

Sie passen ihre Maschinen lediglich vorgegebenen Aufgaben und Umweltbedingungen an.)

Vielmehr kam es uns darauf an, an dem Merkmal, an dem sich Menschen von Tieren unterscheiden – der Sprachfähigkeit – deutlich zu machen, wie wir funktionieren, warum wir besondere Leistungen zeigen können, aber auch Fehler machen. Vielleicht besteht dadurch die Möglichkeit anzudeuten, wie eine „menschlichere" Zukunft aussehen könnte.

Wenn wir lernen, uns selbst immer besser zu verstehen, entsteht auch die Chance, unsinniges Verhalten und zweifelhafte Entwicklungen zu korrigieren.

Nicht zuletzt zeigt die Untersuchung der Sprachfähigkeit, dass es dringend notwendig ist, die Ergebnisse unterschiedlichster Fachgebiete miteinander in Bezug zu setzen, um zu neuen Lösungen für uralte Probleme zu gelangen.

8. Anmerkungen

Die Anmerkungen, geordnet nach den einzelnen Kapiteln dieser Arbeit, sind ausführlicher als sonst üblich. Sie sind bewusst nicht in den Haupttext integriert worden, weil wir hoffen, dass unser Argumentationsgang so leichter verstanden wird. Die in den Anmerkungen gegebenen zusätzlichen Informationen könnten dies möglicherweise erschweren.

Viele der in dieser Arbeit geschilderten Fakten und Forschungsergebnisse, auf denen wir unsere Theorie aufbauen, sind schon vor Jahrzehnten beschrieben worden. Entsprechend versuchen wir in den Anmerkungen nach Möglichkeit auf die Arbeiten und Autoren hinzuweisen, die solche Zusammenhänge zum ersten Mal schilderten. Damit tragen wir auch einem wissenschaftsgeschichtlichen Aspekt Rechnung.

Zum 1. Kapitel: Die biologische Sprachtheorie

1. Die vergleichende Verhaltensforschung (Ethologie) entstand als ein Teilgebiet der Zoologie etwa ab dem Beginn des vorigen Jahrhunderts. Der deutsche Zoologe Oskar Heinroth (1871 bis 1945) entwickelte das Fach durch grundlegende Arbeiten zur vergleichenden Verhaltensforschung in der Ornithologie. Er führte den Begriff Ethologie in seiner heute üblichen Bedeutung in die moderne Biologie ein.

Konrad Lorenz hat dann auf seinen Arbeiten aufgebaut, sie erheblich erweitert und wesentlich zur Verbreitung dieses Ansatzes beigetragen. Unter anderem hat Lorenz auch den Zusammenhang zwischen tierischem und menschlichem Verhalten festgestellt. (Darüber hinaus haben natürlich viele weitere Wissenschaftler die Entwicklung des Faches voran getrieben. Die für unsere Arbeit wichtigen Autoren kommen noch später zu Wort.)

Der Grundgedanke ist: genetisch bedingte Verhaltensweisen lassen sich genau so wie körperliche Strukturen untersuchen. Die Entwicklung von solchen Verhaltensweisen entsprechen der Entwicklung der körperlichen Strukturen und sie sind entsprechend den evolutionären (stammesgeschichtlichen) Abläufen unterworfen. Irenäus Eibl-Eibesfeld hat das umfassend in seinem „Grundriß der vergleichenden Verhaltensforschung" (München 1967/2004) belegt.

Die Berücksichtigung evolutionsgeschichtlicher Aspekte bei der Sprachuntersuchung hat gegenüber entwicklungspsychologischen Ansätzen den Vorteil, dass besser nach Ursprüngen gefragt werden kann, also der Untersuchungsrahmen weiter gefasst wird, was nicht bedeutet im Folgenden auch entwicklungspsychologische Arbeiten zu ignorieren.

2. Zwar haben schon immer Philosophen versucht, naturwissenschaftliche Erkenntnisse in Ihre Gedankenkonstrukte einzubauen. In den letzten Jahrzehnten wurden beispielsweise zu den Hirnforschern Brücken geschlagen. Doch die Ergebnisse bleiben dürftig. Sie müssen zwangsläufig beschränkt bleiben, da zwei unterschiedliche Ansätze die Natur- und Geisteswissenschaften beherrschen. In den Naturwissenschaften stehen das Experiment und die Beobachtung am Anfang und dies so unvoreingenommen, ja naiv, wie möglich. Dann erst folgt die Bildung von Theorien, Regeln oder eines Modells, die allein vorhersagbare Ereignisse zum Ziel haben. In der Philosophie scheint dagegen die Errichtung von Gedankengebäuden vordringlich zu sein. Eine Überprüfung solcher Theorien an der Realität ist kaum möglich. Da Philosophen im allgemeinen selbst keine naturwissenschaftlichen Forschungen betreiben, hinken sie den Ergebnissen dieser Fächer stets hinterher, auch wenn sie versuchten mit Naturwissenschaftlern zusammen zu arbeiten.

Um zwei Beispiele dafür zu nennen: Ein früher Versuch der Zusammenarbeit zwischen Philosophen und Hirnforschern findet sich in Eccles und Popper: „Das Ich und sein Gehirn", 1977 erschienen. Zwei Jahrzehnte später versuchten Michael Pauen und Gerhard Roth (Hrsg.) mit „Neurowissenschaften und Philosophie" wieder einen Dialog zwischen Philosophie und Naturwissenschaften zu diesem Themenkomplex, der ebenfalls ebenfalls nur die Problematik beschreibt aber keine Lösungsansätze enthält.

Allerdings lassen sich philosophische Überlegungen hier nicht völlig ausklammern. Wenn wir im letzten, dem 7. Kapitel dieser Arbeit eine Art Resümee ziehen, werden wir gezwungen sein, entsprechende Gedanken zu berücksichtigen. Da wir durch die Entwicklung der biologischen Sprachtheorie auch ein bestimmtes Menschenbild skizzieren, geschieht dies zwangsläufig.

3. Nachdrücklich muss hier darauf hingewiesen werden, dass wir den Begriff „biologisch" im klassisch naturwissenschaftlichen Sinn gebrauchen. Wir grenzen uns damit gegen den inflationär gebrauchten Begriff „biologisch" beispielsweise in der Lebensmittelproduktion oder anderen fast schon ideologisch erscheinen Formulierungen ab, wenn irgendetwas als „natürlich" gekennzeichnet werden soll und dann „biologisch" genannt wird.

4. Auf den ersten Blick scheint es so, als hätte bereits Dietrich Dörner die Aufgabe, die wir uns hier stellen, schon gelöst: Er entwirft einen „Bauplan für eine Seele" (Dörner 1999). In dieser Arbeit sammelt Dörner unzählige Einzelaspekte, die im Zusammenspiel dann einer Maschine Fähigkeiten verleihen sollen, so als würde sie über Bewusstsein und eine Seele verfügen.

Tatsächlich ist die Arbeit Dörners leider von einer Reihe von Fehleinschätzungen und Schwachstellen gekennzeichnet. Das beginnt schon beim methodischen Ansatz. Der fehlende Blick auf die Evolutionsgeschichte lässt die Auswahl und Schilderung seiner Faktoren unvollkommen und willkürlich erscheinen. Der Zusammenhang zwischen Wahrnehmung, Kognition und Sprache wird von ihm nicht einmal in Grundzügen verstanden. So bleiben seine Aussagen schwammig, blumig, nichtssagend. Exakte Definition oder Stellungnahmen zu den Komplexen „Seele", „Bewusstsein" oder „Freiheit" fehlen. Dörner stellt lediglich eine Fülle an Einzelheiten zusammen und wird seinem Titel „Bauplan" nicht gerecht.

5. Schon 1967 hat der amerikanische Psychologe und Neurobiologe Eric H. Lenneberg in einer umfangreichen Arbeit („Biolo-

gical Foundations of Language", deutsche Übersetzung 1972 „Biologische Grundlagen der Sprache") aus Neurologie, Ethologie, Entwicklungspsychologie und Linguistik die damals bekannten wichtigsten Daten zur Sprachentwicklung zusammengetragen. Diese Schrift ist auch heute noch wegweisend, weil grundlegende Prinzipien der Kognitionsverarbeitung in Bezug auf sprachliche Strukturen geschildert werden. Allerdings bleibt Lenneberg traditionellen Ansätzen der Sprachwissenschaft verhaftet (veraltete Grammatikmodelle, Überbetonung der lautlichen Seite der Sprache), so dass seine „biologische Theorie der Sprachentwicklung", die er im letzten Kapitel seines Werkes formuliert, nicht akzeptabel ist und die eigentliche Problematik nicht erkennt. Vor allem haben die Sprachlernversuche mit Menschenaffen inzwischen gezeigt, dass die Sprachfähigkeiten des Menschen keineswegs einzigartig ist und sich alle Bausteine, aus denen sich die menschliche Sprache zusammensetzt, schon bei Tieren beobachtbar sind, wie wir im weiteren Verlauf dieser Arbeit zeigen werden.

6. Es mag verwundern, dass wir das Wort „Geschöpf" hier verwenden. Es hat einen religiösen Hintergrund mit dem Verweis auf einen Schöpfer. Unsere Sprache ist aber so durchdrungen von vor allem christlich geprägten Ausdrücken, dass man dem kaum entgehen kann, auch wenn ein naturwissenschaftlicher Ansatz verfolgt wird. Es darf also nicht wörtlich verstanden werden.

Anmerkungen zum 2. Kapitel:
Sprache, der Rote Faden durch das Labyrinth

1. Hier nur beispielhaft der Hinweis auf zwei neuere sehr unterschiedliche Ansätze zum Sprachursprung: Der Professor für Germanistik an der Universität Siegen, Wolfgang Steinig setzt überaus phantasievoll die Entwicklung der Sprache (Evolution der Grammatik) mit der Entwicklung des Tanzens in der frühen Menschheitsgeschichte in Beziehung (Steinig: „Als die Wörter tanzen lernten" 2007). Leider fehlt aber jeder wissenschaftliche Nachweis für diese These des Zusammenhangs von Sprache und Tanz.

Michael Tomasello (Die Ursprünge der menschlichen Kommunikation 2009) verfolgt zwar einen relativ konsequenten pylogenetisch-ontogenetischen Ansatz. Allerdings baut er seine Zusammenstellung auf der These auf, dass sich Sprache auf Zeigegesten zurückführen lasse, ohne dies aber schlüssig belegen zu können.

Beide Arbeiten stehen für das hohe Maß an Spekulation, das mit dem Stichwort Sprachursprung verbunden ist. Da bisher alle Versuche zu diesem Thema erfolglos blieben, muss ein grundsätzlich anderer Ansatz gefunden werden. Da sich Sprache und ihre Entstehung bisher nicht erklären ließ, muss dieses Phänomen selbst in Frage gestellt werden, so paradox dies auch klingen mag.

2. Die erste ausführliche Arbeit über den kindlichen Spracherwerb stammt von Clara und William Stern (Die Kindersprache Leipzig 1907). Stern und Stern dokumentierten minutiös die sprachlichen Fähigkeiten ihrer eigenen vier Kinder. Ihre Arbeit ist immer wieder nachgedruckt worden und diente als Basis für viele andere Untersuchungen. Die Schritte, die Stern und Stern für den Spracherwerb des Deutschen beschrieben, zeigen sich auch in allen anderen Sprachen. Stark verkürzt beginnen die menschlichen Fähigkeiten mit einem passiven Sprachverständnis. Dann folgen sogenannte Einwortsätze (ein Wort steht für einen größeren Zusammenhang). Danach werden zwei Worte ver-

knüpft. Eine immer größere Kombinations- und Differenzierungsfähigkeit folgt, die etwa bis zum Beginn des Schulalters eine erste weitgehende sprachliche Perfektion erreicht.

Da der Ablauf, den schon Stern und Stern dokumentierten, auch in allen anderen Sprachen beobachtbar ist, muss eine genetische Basis für die menschliche Sprache angenommen werden.

3. Die Evolutionstheorie nach Charles Darwin und Alfred Russel Wallace muss heute als gesichert angesehen werden. Nicht zuletzt die Untersuchungen der modernen Genetik haben die allmähliche aufeinander aufbauende Entwicklung von Lebewesen bestätigt. Dies bedeutet für den Menschen, dass nicht nur seine körperlichen Strukturen, sondern auch seine Lern- und soziale Fähigkeiten (sofern sie genetisch bedingt sind) auf Leistungen von Vorfahren aus dem Tierreich aufbauen.

Ernst Haeckel (er galt einst als der Prophet Darwins in Deutschland) hat durch seine Arbeiten entscheiden mit zur Aufdeckung der Verwandtschaftsbeziehungen zwischen verschiedenen Arten beigetragen. Haeckel untersuchte die sogenannte Ontogenie (die Entwicklung von der Eizelle bis zum erwachsenen Individuum). Diese jeweilige persönliche Entwicklung setzte er in Beziehung zur Stammesentwicklung (Phylogenie), also der Entwicklung wie sich die Tiere im Laufe der Vergangenheit herausbildeten. Er stellte dabei fest, dass sehr häufig bei der Persönlichkeitsentwicklung die historischen Abläufe noch einmal durchlaufen werden (Haeckel 1866).

Da Sprache mit sozialer Interaktion verbunden ist, könnte man auf die Idee kommen, im Zusammenhang mit Darwins Arbeiten auch Überlegungen zum Stichwort „Sozialdarwinismus" hier zu berücksichtigen. Davon müssen wir uns ausdrücklich abgrenzen. Der Sozialdarwinismus ist eine Richtung, die sich zwar auf einzelne Äußerungen Darwins beruft, sie ist aber in weiten Teilen heute nicht mehr mit der weiterentwickelten Evolutionstheorie vereinbar und hatte und hat für die Untersuchung der Sprachentwicklung überhaupt keine Bedeutung.

4. Die Deutsche Gesellschaft für Sprachwissenschaft (DGfS) hat am 1. Dezember 2011 eine „Stellungnahme der DGfS zur

Gebärdensprache" abgegeben und dabei eindeutig festgestellt, dass es sich bei dieser nicht lautlichen Sprache um eine vollständige Sprache handelt. Jahrzehntelange Forschungen haben belegt, dass Menschen, die taub sind und deswegen auch keine akustische Sprache erwerben können, in der Lage sind, über Gebärden eine perfekte Sprache zu erlernen und damit zu kommunizieren.

5. Das Beispiel der taub-blinden Helen Keller scheint der Annahme zu widersprechen, dass wichtige Sinnesorgane wie Augen oder Ohren nötig sind, um Sprache zu erlernen. Tatsächlich wurde Keller erst im zweiten Lebensjahr auf Grund einer Erkrankung taub und blind. Sie verfügte danach nur noch über einen sehr ausgeprägten Tastsinn. Sie hatte aber bereits vor ihrer Erkrankung einige Wörter gelernt und die damit verbundenen Empfindungen gespeichert. Als dann eine sehr engagierte Erzieherin ihr ein Fingeralphabet beibrachte, konnte sie auf diesen ersten Sinneserfahrungen aufbauen. (Keller 1905)

6. Dem amerikanischen Forscherpaar Allen und Beatrice Gardner gelang es in den sechziger Jahren des vorigen Jahrhunderts, einer jungen Schimpansin namens Washoe menschliche Sprache (vergleichbar einer sehr einfachen frühen Ebene von zweijährigen Kindern) beizubringen. Vor den Gardners waren alle Forscher mit Versuchen dieser Art gescheitert.

Die Schwierigkeit bestand darin, dass frühere Wissenschaftler immer versucht hatten, den Tieren eine Lautsprache beizubringen. Diese Ansätze mussten (wie bereits geschildert) zwangsläufig misslingen, da die Affen einen anderen Kehlkopfbau als Menschen haben. Sie können deshalb die differenzierten Töne, wie sie für die Lautsprache nötig sind, gar nicht produzieren. Die Gardners brachten Washoe deshalb Gesten der Taubstummensprache bei und hatten Erfolg.

Im Laufe eines langen Trainings lernte die Schimpansin mehrere hundert Symbole. Sie konnte die einzelnen Zeichen dann auch kombinieren und bildete neue Sätze, die sie nicht vorher bei ihren Betreuern gehört hatte. Es kam so tatsächlich zu einfachen Dialogen zwischen Tier und Mensch. Wünsche wurden geäußert, Fragen beantwortet. (Gardner 1971)

Die Schimpansin Washoe blieb kein Einzelfall. Andere Forscher griffen die Idee der Gardners auf, um sie zu überprüfen und zu erweitern. Statt der Taubstummensymbole wurde dabei mit verschieden geformten Plastikplättchen gearbeitet. Diese Symbole ließen sich auf eine Tafel heften. Es konnten die Lernerfolge im Gegensatz zu den flüchtigen Taubstummengesten besser überprüft und dokumentiert werden.

Die Affen lernten bei diesen erweiterten Versuchen auch grammatikalische Elemente richtig zu gebrauchen, zum Beispiel wenn – dann – Kombinationen oder Verneinungen. Sie konnten schließlich einfache Sätze bilden, die den ersten Sprachphasen von Kleinkindern entsprechen.

7. Man könnte Noten auch mit den Buchstaben der Sprache vergleichen. Buchstaben stehen ebenfalls für bestimmte Schallschwingungen. Wer nicht flüssig lesen kann, muss mühsam die akustischen Sprachzeichen daraus konstruieren. Für normale Leser dagegen besteht zwischen gesprochener und schriftlicher Sprache keine Unterschied.

8. Dieses Beispiel ist nichts ungewöhnliches, sondern alltäglich beobachtbar in Kindergärten oder Familien mit mehrsprachig aufwachsenden Kindern.

9. Die Ausdrücke „Kategorien" oder „Merkmalskombinationen" mögen hier irritieren. Wir folgen damit den Zusammenstellungen von Lenneberg 1967/1972, nicht zuletzt um sprachwissenschaftliche Begriffe zu vermeiden, die dazu führen könnten, auf irgendein irreführendes Vorverständnis zum Problemkreis zu leiten. Merkmalskombinationen können natürlich auch angeboren sein, sie sind es auch bei Tieren in vielen Fällen. Die Ethologie spricht dabei von „Auslösern" oder „Schlüsselreizen" (neben anderen hat das Eibl-Eibesfeldt bereits im „Grundriß der vergleichenden Verhaltensforschung 1967 ausführlich beschrieben.)

Auch beim Menschen lassen sich angeborene Merkmalskombinationen als Auslöser von Verhalten beobachten: Zum Beispiel tritt etwa ab dem dritten Lebensmonat das sogenannte „Engelslächeln" auf, wenn der Säugling ein menschliches Gesicht über sich sieht. Dieses Lächeln kann man auch mit einer einfachen schematischen Darstellung auslösen. Ein großes „Smiley" auf einem Blatt Papier genügt dafür.

10. Wir verwenden die Ausdrücke Zeichen (Sprachzeichen), Merkmale (zusätzliche Merkmale) ausgehend von der Kognitionsverarbeitung als Synonyme.

Anmerkungen zum 3. Kapitel:
Die Sprachentwicklung bis zum Schulalter

1. Jakob von Uexküll, einer der „Väter" der vergleichenden Verhaltensforschung hat schon früh grundlegende Untersuchungen zur Umwelterfassung durchgeführt. Er hat dabei auch ausführlich den Zusammenhang zwischen sprachlichen Befehlen und den entsprechenden Reaktionen bei Tier und Mensch beschrieben. Dabei wurde deutlich, dass es keinen grundlegenden Unterschied im Verhalten gibt (siehe „Streifzüge durch die Umwelten von Tieren und Menschen" 1934/1970, Seite 57 ff). Beispielsweise wurde ein Hund darauf dressiert auf den Befehl „Stuhl" auf einen vor ihm stehenden Stuhl zu springen. Dann wurde der Stuhl entfernt und der Befehl wiederholt. Dabei stellte sich heraus , dass der Hund alle Gegenstände, mit denen er die gleiche Leistung des „Sitzens" ausführen konnte, als Stuhl behandelte und aufsprang. Kisten, Etageren, umgekippte Schemel und anderes erhielten, wie Uexküll sich ausdrückt, einen „Sitzton" für den Hund. Das Tier konnte diese Leistung daran ausführen. Es hatte offensichtliche eine Vorstellung vom Zusammenhang zwischen dem Sprachzeichen „Stuhl" und der Vorgang „Sitzen".

2. Die Zeitangaben, was in welchem Alter an sprachlichen Leistungen möglich ist und gezeigt wird, variieren von Kind zu Kind. Und manchmal werden auch Stufen übersprungen. Dennoch lassen sich deutliche Regelhaftigkeiten feststellen, die sich im Regelfall allenfalls um Wochen oder einige Monate unterscheiden.

3. Wir gebrauchen die beiden Ausdrücke „Wort" und „Begriff" hier synonym. Wir werden im 5. Kapitel darauf noch einmal eingehen müssen und erläutern, warum die Unterscheidung zwischen den beiden Ausdrücken, die in vielen sprachwissenschaftlichen Theorien geübt wird, nicht nachvollziehbar ist. Sie spiegelt lediglich eine seit langem übliche theoretische Vorannahme wider.

4. Bereits 1935 hat Konrad Lorenz die von ihm entdeckten Prägungsvorgänge (Objektprägung) beschrieben. Bis heute sind

---

bei den unterschiedlichsten Tierarten prägungsähnliche Lernformen beschrieben, Eibl-Eibesfeldt hat sie in seinem „Grundriß" zusammengestellt. Es muss festgehalten werden, dass sich diese Lernform analog bei verschiedenen Spezies gebildet hat.

5. Das Begriffspaar „analog-homolog" lässt sich am einfachsten durch die Entwicklung von Organen erläutern. Zum Beispiel sind die Augen bei Wirbeltieren eine homologe Entwicklung. Sie treten schon bei Fischen auf. Die Säugetiere mussten Augen nicht neu entwickeln, sondern konnten auf den Möglichkeiten der Tiergruppen vor ihnen aufbauen.

Die hochkomplexen Augen der Kopffüßler dagegen sind analog – parallel zu den Wirbeltieraugen ein zweites Mal erfunden worden. Bei einer analogen Entwicklung gibt es keine gemeinsame Wurzel (genetische Gemeinsamkeiten).

Wieweit Verhaltensweisen homolog oder analog sind, lässt sich schwerer feststellen. Allerdings liefert die Beobachtung des Sozialverhaltens von frei lebenden Menschenaffen deutliche Parallelen zum Sozialverhalten des Menschen. Deswegen muss angenommen werden, dass Menschen bei genetisch bedingten Verhaltensstrukturen auf den Möglichkeiten ihrer tierischen Vorfahren aufbauen.

6. Wie das Zentrale Nervensystem funktioniert, ist bis heute nur in groben Zügen erforscht. Es lassen sich zwar Gehirnkarten der Großhirnrinde erstellen, die bestimmte Verhaltenszuordnungen abbilden. Die genauen Zusammenhänge sind deshalb noch lange nicht geklärt. Bei der Untersuchung der Sprachfähigkeit helfen neurophysiologische Untersuchungen nur begrenzt weiter. Im Grunde genommen lässt sich nur feststellen, dass es Bereiche in der Großhirnrinde gibt, bei deren Verletzung es Sprachausfälle gibt (Broca/Wernicke).

Wir sind deshalb hier gezwungen, im Wesentlichen durch die Beobachtung und den Vergleich von tierischem und menschlichen Verhaltens die Sprachfähigkeit zu erläutern.

7. Wieweit Verhaltensnormen als Regeln aufgefasst werden müssen, scheint eine eher theoretische Frage zu sein. Im Verlauf der Schulzeit wird je nach dem Bildungsziel eine mündliche Sprache anerzogen, die der „gepflegten", „grammatisch" korrek-

ten Schriftsprache angeglichen ist. Wir werden angehalten, in vollständigen Sätzen zu sprechen, angelehnt an die Regeln, die einst aus der lateinischen Grammatik übernommen wurden.

In der mündlichen sprachlichen Kommunikation werden dagegen stark vereinfachte Formulierungen gebraucht, die genauso sicher Informationen übermitteln. Ein Beleg dafür ist das sogenannte „Kurzdeutsch", wie es kürzlich von Diana Marossek (2016) in „Kommst du Bahnhof oder hast du Auto?" beschrieben wurde.

8. Über Jahrhunderte hinweg beherrschten in unserem Kulturkreis die aus dem Griechischem und dann dem Lateinischen übernommenen und kaum hinterfragten Beschreibungen die Sprachlehre. Stark vereinfacht wurde zwischen dem Lexikon (der Bedeutung von Worten) und der Grammatik (den Regeln des Zusammenspiels von Worten zu Sätzen) unterschieden. Im 19. Jahrhundert wurden dann die unterschiedlichsten Beschreibungsmodelle für Sprache entwickelt: Neben vielem anderen beispielsweise eine Grammatik, die das Verb in den Mittelpunkt eines Satzes stellt (Dependenzgrammatik).

Einen Sonderfall bildet die sogenannte generative Transformationsgrammatik, die von Noam Chomsky 1957 entwickelt wurde. Sie geht von übergeordneten Sinneinheiten aus, die durch eine angeborene grammatische Strukturen erzeugt werden sollen. Die Transformationsgrammatik bekam eine besondere Bedeutung, weil die Baumstrukturen, mit denen Chomsky Sätze beschrieb, relativ gut in Computersystemen programmiert werden konnten. Allerdings ließen sich die Theorien Chomskys in der sprachliche Praxis nur sehr begrenzt belegen.

Da keine der vielen Sprachtheorien überzeugen konnte (diese Theorien erfassen nicht die tatsächlichen Vielfalt sprachlichen Verhaltens), scheint sich inzwischen eine eher schlichtere Sprachbetrachtung durchzusetzen. Sie spiegelt sich beispielsweise in den letzten Ausgaben des Grammatik Dudens wieder. Seit der 7. Ausgabe von 2005 werden die sprachlichen Strukturen nur noch beschrieben, ohne dass damit eine bestimmte Theorie verbunden ist. Ziel ist die „Klärung von Normunsicherheiten" (was am häufigsten gebraucht wird, ist richtig, entspricht der Norm!), dabei finden wieder ganz traditionell die aus dem Griechisch-Lateinischen stammenden Begriffe Verwendung.

9. Das Periodensystem der Elemente wurde unabhängig voneinander 1869 von Dimitrij Mendelejew in Russland und im selben Jahr wenig später von dem Deutschen Lothar Meyer beschrieben. Beide Wissenschaftler stellten fest, dass ähnliche chemische Eigenschaften periodisch wiederkehren, wenn man die Elemente mit zunehmendem Atomgewicht (Ordnungszahl) untereinanderschreibt. Es ist eine Auflistung aus Elementen und Regeln entstanden. Wobei die Regeln auflisten wie die Elemente miteinander verbunden werden können (miteinander reagieren).

10. Der Ausdruck „in Gedanken" wird hier vor-verständlich gebraucht. Er versucht nur zu schildern, dass wir eine „Verarbeitungsebene" haben, auf der verschiedene Eindrücke und Erinnerungen miteinander in Bezug gesetzt werden. Die neurophysiologischen Zusammenhänge im Großhirn über diese Verarbeitungsebene (vermutlich das Kurzzeitgedächtnis) sind bisher noch nicht entschlüsselt worden. Ein wenig mehr Klarheit über dieses „in Gedanken" dürfte die Schilderung des Verhaltens von Menschenaffen in den nächsten Absätzen dieses Kapitels bringen.

11. Auf den Zusammenhang von Sprache und Werkzeuggebrauch machen auch schon Schmidt/Thews Seite 187 aufmerksam. Sie weisen auf die enge zeitliche Koppelung von Sprachentwicklung und Werkzeuggebrauch hin. „Im Alter von 2-4 Jahren kommt es danach zu einem Wachstumsschub der linken Hemisphäre (Großhirnhälfte), der eng mit dem Erwerb komplizierten Werkzeuggebrauchs und der Sprachentwicklung einhergeht. Das gleiche könnte in der Phylogenese geschehen sein: Das 'Vokabular' eines Schimpansen bleibt auf dem Niveau eines 3jährigen Kindes stehen, wie auch sein Werkzeuggebrauch."

12. Eine Zusammenfassung der Köhlerschen Versuche findet sich in Eibl-Eibesfeld 1967/2004 unter dem Stichwort „Einsichtverhalten".

13. Jane Godall (1971) war die erste Forscherin, die wild lebende Menschenaffen (Schimpansen) in ihrer natürlichen Um-

welt systematisch beobachtete und beschrieb, und den Werkzeuggebrauch von Schimpansen beobachtete.

14. Es mag auf den ersten Blick weit hergeholt erscheinen, eine Entwicklung vom Werkzeuggebrauch der Menschenaffen über die Fähigkeiten des Kindes bis hin zum „Werkzeug" Periodensystem der Elemente zu vermuten. Doch wenn die Entwicklung des Kindes betrachtet wird, dann kann nicht geleugnet werden, dass hier eine allmähliche Leistungssteigerung in der Handhabung von Dingen zu beobachten ist.

15. Man könnte jetzt auf den Gedanken kommen, dass wir damit eine Art „Metaebene" einführen, die über der normalen Sprachebene liegt. Nichts dergleichen ist unsere Absicht. Wenn der Werkzeuggedanke richtig ist, dann bilden die Sprachzeichen nur Kognitionsvorgänge ab. Und mit einem weiteren Kognitionsvorgang beobachte ich nun die sprachlichen Fähigkeiten. Das ist nicht anderes, als würde man mit einer Zange eine andere Zange bearbeiten.

16. Wir müssen hier auf die Anmerkung Nr. 10 verweisen. Erst wenn in den nächsten Kapiteln weitere Materialien hinzugefügt werden, können diese Ausdrücke „phantasievolle Neukombinationen" und „etwas nur Gedachtes" mit Inhalt gefüllt werden.

Anmerkungen zum 4. Kapitel:
Antriebe, Problemlösungen und Ich-Identität

1. Wir gebrauchen den Begriff „Organismus" synonym zu den Begriffen „Lebewesen" und „Geschöpfe". Wobei wir unsere Überlegungen auf im Rahmen der Evolution entstandenen Lebewesen aber im weiteren Verlauf dieser Arbeit auch auf künstlich vom Menschen geschaffene „Geschöpfe" beziehen. (Siehe auch Anmerkung 6 zum 1. Kapitel.)

2. Diese Einteilung in innere und äußere Antriebe ist problematisch. Äußere Eindrücke und ihre Wertung können gespeichert und zu inneren Antrieben werden und mit erlernten/gespeicherten Eindrücken verknüpft werden. Entsprechend erfolgt diese Einteilung hier vorläufig, muss im folgenden differenziert und genauer erläutert werden.

3. Die Physiologie ist die Lehre von den Funktionsweisen in lebenden Organismen. Das Spektrum des Faches reicht dabei von der Untersuchung des Zusammenspiels der Bausteine in einer Zelle über die Analyse von neuronalen Regelsystemen bis hin zur Erforschung von Stoffwechselprozessen. (Siehe z. B. Schmidt/Thews 1995). Wir vereinfachen hier die Zusammenhänge des Beispiels Durst ein wenig, um verständlich zu bleiben.

4. Lorenz 1965, Seite 89.

5. Es mag verwundern, dass wir so lapidar Triebtheorien als nicht wichtig für unsere Überlegungen bezeichnen. Dabei verweisen wir aber gleichzeitig immer wieder auf Arbeiten von Konrad Lorenz. Der führt in seiner Schrift „Das sogenannte Böse" 1963 das Verhalten von Tier und Mensch im wesentlichen auf einige große Grundtriebe zurück (Nahrungserwerb, Fortpflanzung, Flucht und Aggression). Bei Konrad Lorenz muss man allerdings ausdrücklich zwischen seinen frühen systematischen Beobachtungen und den entsprechenden wissenschaftlichen Arbeiten einerseits und den späteren eher philosophischen Schriften andererseits unterscheiden. Zweifellos hat Lorenz eine Fülle an Entdeckungen beim Verhalten von Tier und Mensch gemacht, die bis heute gültig und wegweisend sind. Seine theoreti-

schen Überlegungen dagegen, vor allem zum Aggressionsverhalten und zu Triebtheorien, haben keinen Bestand und wurden widerlegt.

Ausführlich hat sich schon früh der Aggressionsforscher Herbert Selg kritisch mit der Triebproblematik auseinandergesetzt. Selg weist auf eine Unzahl von Widersprüchen und Fehlern in den Schriften der Verhaltensforscher aber auch Psychologen in diesem Zusammenhang hin. Grundsätzlich ist Selg der Meinung, dass, wenn überhaupt, eine gewaltige Liste an Trieben auf gezählt werden müsste. Er vermerkt ironisch, dass alle Trieb- und Instinkttheoretiker zusammen mehr als 14.000 derartige Antriebe aufzählen. „Die Erstellung solcher Trieblisten, für deren Abschluss jedes Kriterium fehlt, kann als müßiges Spiel, nicht aber als wissenschaftliche Arbeit bezeichnet werden," heißt es bei ihm. (Selg 1988, Seite 29).

In diesem Sinne wird beispielsweise auch von Rolf Oerter in seiner zum Klassiker gewordenen Übersicht zur Entwicklungspsychologie argumentiert. Er hält ebenfalls die Frage nach der beim Menschen vorhandenen Anzahl von Trieben und Motiven für falsch gestellt. Schlichter und einfacher wird von Motivationen gesprochen, denen entsprechend der jeweiligen Ist- und Sollage gefolgt wird. Es ist eine kybernetische, fast technische Haltung, die Oerter zum Antriebsgeschehen einnimmt. Sie ist deutlich von physiologischen Grundsätzen bestimmt, wie es am bereits beschriebenen Beispiel Durst, gesteuert durch den Salzgehalt des Blutes, geschildert wurde. (Oerter 1974)

6. Lorenz 1950 u. 1954, in: Lorenz 1965, S. 473 ff und 517 ff.

7. Uexküll 1934/1970.

8. Dass Pawlow eine bestimmte Theorie aus seinen Beobachtungen ableitete, er sprach von bedingten Reflexen, und sich daraus eine spezielle Lerntheorie – der Behaviorismus – entwickelte, ist für die Zusammenhänge die hier beschrieben werden, nicht relevant. Außerdem ist diese Theorie auch nur noch in Teilbereichen des Lernens von Bedeutung. Darüber hinaus zeigt sich an dem Pawlowschen Experiment wie eng die Möglichkeit, zusätzliche Zeichen für einen Zusammenhang zu erwerben, mit der der Wertungen verbunden ist.

9. Gruppendynamische Untersuchungen belegen dies deutlich. (Peter Hofstätter 1957 oder Tobias Brocher 1967)

10. Mit der Feststellung, dass es sich beim Begriff „Intelligenz" um einen umfassenden Oberbegriff handelt, folgen wir einer Einschätzung, die sich seit den ersten Arbeiten zur Thematik bis heute immer wieder findet. Zum Beispiel in der 2007 wieder aufgegriffenen Arbeit von Schenk-Danziger zur Entwicklungspsychologie (zuerst 1969 erschienen), wo es heißt: „Intelligenz ist die Fähigkeit zum Erfassen und Herstellen von Bedeutungen, Beziehungen und Sinnzusammenhängen." (Seite 80) Dabei verweist Schenk-Danziger auf eine Definition von 1934.

11. Es mag oberflächlich erscheinen, bei der Beschreibung von Problemlösungen (intelligenten Leistungen) von Beobachtungen bei Fischen direkt zu solchen bei Menschenaffen zu springen. Für die Zielsetzung dieser Arbeit hier ist es aber nicht nötig, die allmählichen Leistungssteigerungen im Laufe der Evolution zu schildern. Tatsache ist, dass die Sinnesorgane und die verrechnenden Nervensystem im Laufe der Entwicklung immer leistungsfähiger werden. Unbestritten ist, dass ein allmählicher Aufbau der Kognitionsverarbeitung von ursprünglichen Chordatieren bis zu höheren Säugetieren abläuft. Es ist nicht zu beobachten, dass von den ersten Wirbeltieren bis zu den Menschenaffen etwas grundsätzlich Neues hinzukommt.

12. Godall 1971, Seite 84

13. Vermutlich ist dieses Ungleichgewicht zwischen dem eigenen Wollen (Antrieb) und der Umweltsituation die Basis für die Bildung eines Ich-Verständnisses. Hinweise zu dieser Annahme finden sich beispielsweise bei Oerter Seite 390. Dort wird allerdings der Ausdruck „Selbstbewusstsein" verwendet. In anderen entwicklungspsychologischen Arbeiten (Pinquart Seite 254) wird auch von „Selbstkonzept" gesprochen. Wichtig ist, dass ein entsprechend umfangreicher Verrechnungsapparat (also ein umfassendes Kognitionsvermögen) vorhanden sein muss, um solche Empfindungen zu ermöglichen. Dieser Gedanke wird im folgenden 5. Kapitel wieder aufgegriffen. Belegen lässt sich diese Vermutung erst, wenn in Modellen der Komplex nachgebaut wird (im 6. Kapitel).

14. Eine Bemerkung am Rande wird jetzt nötig: In vielen gängigen Lehrbüchern und Lexika wird die Problematik rund um das Stichwort „Ich" mit Definitionen und Begriffen abgehandelt, die heute immer schwerer nachzuvollziehen sind. Sie gehen vor allem auf Sigmund Freud und seine Theorien zurück. Zum Beispiel wird von dem Komplex „Ich", „Es" und „Über-Ich" gesprochen. Das „Es" soll die Summe der Triebe, „Über-Ich" das Gewissen sein.

Seit dieses Modell vor etwa einem Jahrhundert entstand, ist die Entwicklung der Psychologie nicht stehen geblieben. Die beiden Begriffe „Es" und „Über-Ich" lassen sich heute am ehesten in Forschungsgebiete unter den Stichworten wie „Motivation", „Werthaltungen" oder ganz allgemein „Antriebe" einordnen. Ein direkter Bezug zwischen Freuds Modell und Untersuchungen zum Beispiel der modernen Entwicklungspsychologie lässt sich aber kaum herstellen.

Anmerkungen zum 5. Kapitel:
Der Weg zum Bewusstsein

1. Die Arbeiten von Jean Piaget (1896 – 1980) gehören zu den wichtigen Grundlagenwerken, die bis heute immer wieder in der Entwicklungspsychologie zitiert werden. Dabei entstanden seine ersten Beschreibungen über die Untersuchung kindlichen Verhaltens schon in den zwanziger Jahren des vorigen Jahrhunderts. Piaget war seiner Ausbildung nach Biologe. Er hat sich dann intensiv mit philosophischen und entwicklungspsychologischen Fragen beschäftigt. Seine Experimente sind durch eine nüchterne naturwissenschaftliche Methodik gekennzeichnet und deswegen bis heute gültig geblieben, werden immer wieder bestätigt. Sie zeigen, dass Kinder keine „kleinen Erwachsenen" sind, sondern allmählich immer komplexere kognitive Fähigkeiten entwickeln.

Piaget unterscheidet deutlich zwischen seinen experimentellen Beobachtungen und darauf aufbauenden theoretischen Folgerungen. Diese theoretische Seite hat heute keinen Bestand mehr, es muss darauf nicht weiter eingegangen werden. Vergleichbares ist bei vielen „älteren" Autoren festzustellen, beispielsweise bei Konrad Lorenz und seiner Triebtheorie, wie schon in der 5. Anmerkung zum 4. Kapitel geschildert. Die Experimente und Beobachtungen dieser Forscher dagegen sind bis heute wichtig geblieben.

2. Der Ausdruck „Arbitrarität" und die damit verbundene Beschreibung des Problemkreises wird oft Ferdinand de Saussure als erstem zugeschrieben. Dabei muss darauf hingewiesen werden, dass Saussures „Grundfragen der allgemeinen Sprachwissenschaft", in der die Problematik beschrieben wird, gar nicht von ihm selbst veröffentlicht worden ist, sondern es handelt sich dabei um Mitschriften seiner Vorlesungen, die erst nach seinem Tod von seinen Schülern herausgegeben wurden (siehe Saussure 1916/1967). Tatsächlich ist die Problematik aber schon viel früher zur Sprache gekommen. Erste Hinweise dazu finden sich bei Platon im Dialog „Kratylos".

Ein wenig verwundert, dass in den sprachwissenschaftlichen Lehrbüchern bis heute der Ansatz Saussures als unumstößliche Grundlage wiedergegeben wird. Die schon lange vorliegenden entwicklungspsychologischen Beobachtungen, wie zum Beispiel die von Piaget, finden dagegen keine Beachtung, obwohl sie, wie geschildert, einen wichtigen Hinweis zur Entwicklung von Sprache darstellen und den sprachwissenschaftlichen Grundannahmen widersprechen.

3. Siehe Lindgren, Astrid: „Pippi in Taka-Tuka-Land". Deutsch 1968

4. Siehe Bichsel, Peter: „Kindergeschichten". Neuwied, Berlin 1969

5. Die Trennung in abstrakte und konkrete Begriffe spiegelt eine alte sprachphilosophische Diskussion wider. Das Beispiel und die Erörterung von der „Idee eines Tisches" findet sich u. a. bei einem Klassiker der Linguistik wie John Lyons. (Lyons 1968, Seite 410). Wenn der im dritten Kapitel geschilderte Ansatz richtig ist (Sprache stellt kein eigenständiges System dar, sondern spiegelt nur Kognitionsabläufe wider), dann ist eine solche Diskussion unsinnig.

Darüber hinaus könnten sogenannte Abstrakta, wie zum Beispiel Liebe, Schönheit, Ablehnung, Freundschaft und andere, auch als Oberbegriffe für eine Klasse ähnlicher Erlebnisse oder Wahrnehmungen – die mit Wertungen verbunden sind – verstanden werden. In der kindlichen Sprachentwicklung erscheint das Verständnis von Oberbegriffen relativ spät. Ein drei oder vierjähriges Kind versteht beispielsweise zwar das Wort „Obst", hat aber tatsächlich keine Einsicht in die hierarchische Gliederung zwischen den einzelnen Obstsorten (Äpfel, Trauben oder Birnen) und dem Oberbegriff Obst, was sich experimentell leicht überprüfen lässt. Erst dem Vorschulkind gelingt diese Differenzierung. In solchen hierarchischen Strukturen spiegelt sich die im Laufe der Kindheit erworbene immer genauere Differenzierung der Umwelt und der Werkzeugcharakter der Sprache wider.

6. Siehe Wygotski 1934/1964 Seite 308.

7. Siehe Jacobsen 2004

8. Bezeichnenderweise ist in der Fassung erster Hand der Kinder- und Hausmärchen von 1812 diese Formulierung „vom Wünschen" noch nicht zu finden. Sie findet sich erst in der letzten Fassung. Es verwundert, dass die Brüder Grimm, die ja auch zu den Stammvätern der deutschen Sprachwissenschaft gehören, auf diese Art einen Text verändert haben. Es ist nach der Zielstellung dieser Arbeit hier nicht zweckdienlich, näher auf den Hintergrund dieser Textveränderung einzugehen. Aber es liegt doch der Verdacht nahe, dass die Sammlung und Analyse von Literatur nicht zum tieferen Verständnis von sprachlichem Verhalten führt. Wir werden im diese Arbeit abschließenden 7. Kapitel auf den Zusammenhang von Sprach- und Literaturwissenschaft etwas ausführlicher eingehen müssen. Dann geht es darum, welches Menschenbild sich aus unseren Überlegungen ergibt und was das für unser Ausbildungs- und Erziehungssystem bedeutet.

9. Sprache *spiegelt nur* Wahrnehmungen, Abläufe und Wertungen *wider*. Entsprechend kann sie auch in den verschiedensten Lebenssituationen eingesetzt werden, um sie abzubilden. Also gibt es keine eigenständige Sprache der Ironie oder der Kunst. So wie aus dem Mineral „Tonerde" Plastiken geschaffen werden können, ermöglicht Sprache nur den Einsatz in den unterschiedlichsten Lebensbereichen.

10. Angela Friederici (Neuropsychologin, Linguistin), Professorin am Leipziger Max-Planck-Institut wird mit den Worten zitiert: „Bewusstsein?...Was ist das? Ich glaube nicht, dass man Bewusstsein definieren kann. Und über einen Gegenstand etwas zu sagen, den man nicht definieren kann, das halte ich schlicht für unwissenschaftlich." Aus: Schnabel, Ulrich u.a. Reinbeck 1997, Seite 48.

In anderen Arbeiten wird das Problem umgangen, in dem mit dem Begriffspaar „willkürliche und unwillkürliche" Handlung gearbeitet wird (siehe zum Beispiel Hoffmann/Engelkamp 2017 Seite 44f). Dem willkürlichen Verhalten solle demnach eine „gedachte" Zielvorstellung voraus gehen, um etwas zu erreichen. Allerdings werden der Begriffe und das damit gekennzeichnete Verhalten nicht genauer analysiert, so dass sie für die Zusammenhänge, die wir hier schildern, nicht verwendet werden können.

11. Siehe Schmidt/Thews 1995, Seite 143.

12. Uexkülls Arbeit (Streifzüge durch die Umwelten von Tieren und Menschen) erschien zuerst 1934, gilt immer noch als wegweisend und wurde deshalb 1970 wieder aufgelegt. Allerdings werden in dieser Neuauflage im ausführlichen Vorwort seines Sohnes Thure von Uexküll die theoretischen Annahmen und Hintergründe ein wenig relativiert. Jakob von Uexküll hat seine Beschreibungen als Gegenentwurf zu Interpretation von Verhalten als einfache Reiz-Reaktionsschemata gesehen. Nach heutigen Maßstäben ist dieser Standpunkt nicht mehr haltbar. Vielmehr gilt inzwischen ein „sowohl als auch". Der Verdienst von Uexküll liegt darin, dass er die Wahrnehmungsmöglichkeiten von Tieren bis hin zum Menschen beschrieb und darauf aufmerksam machte, dass unterschiedlichste Wahrnehmungsebenen (er nannte sie „Merkwelten" und „Wirkwelten", wir sprechen heute von Kognitionsvorgängen) bestehen, die einer „Innenwelt" gegenüber gestellt werden und dann zu Handlungen führen. Wobei diese Innenwelt heute als angeborene und erlernte Verhaltens- und Wahrnehmungsschemata bezeichnet werden müssen.

13. Es muss darauf hingewiesen werden, dass der Begriff „Reflex" in der Neurophysiologie mit einer anderen Definition verbunden ist als in der Ethologie und Psychologie. In der Neurophysiologie sind „Reflexe die automatische motorische Reaktion auf äußere Störimpulse" (Siehe Schmidt/Thews 1995, Seite 98ff). Ein Beispiel dafür ist der Sehnenreflex, bei dem ein kurzer Schlag unterhalb der Kniescheibe das Bein unkontrollierbar hochschnellen lässt. Bei diesem Vorgang sind nur kurze Nervenbahnen vom Reizpunkt zum Rückenmark und zurück zum Muskel beteiligt.

In der Ethologie dagegen werden Reflexe als angeborene (unbedingte) und erworbene (bedingte) Reaktionen beschrieben. Zum Beispiel kann schon eine bestimmte Farbe (Rot beim Stichling) aggressive, angeborene Reaktionen (Reflex) auf einen vermuteten Konkurrenten hervorrufen. Bei einem ein Fahrzeug-lenkenden Menschen löst ein plötzliches Hindernis den reflexartigen (automatischen) Gebrauch der Bremse aus. In beiden Fällen sind höhere Hirnregionen aktiv, ohne dass eine Reflexion (hier der Begriff im Sinne von willkürlich/bewusst) beteiligt ist. Allerdings sind komplexe Sinnesorgane und -wahrnehmungen die Voraussetzungen für diese Verhaltensformen.

Die Reflexe der Neurophysiologie spielen für unsere Aufgabenstellung keine Rolle, für uns sind allein die Zusammenhänge wichtig, die mit Sinnesorganen verbunden sind, weil diese Abläufe über höhere Hirnbereiche ablaufen.

(An diesen Beispielen zeigt sich auch, dass die Begriffe „Reflex" und „Reflexion", obwohl sich aus dem selben lateinischen Wortstamm kommen, völlig unterschiedliche Bedeutungen haben: Sie stehen einmal für unbewusste Abläufe und kennzeichnen anderseits das überlegte Handeln.)

14. Wir gehen hier von Beobachtungen von Knochenfischen aus. Deren Verhalten und Leistungen sind vielfältig in unzähligen Arbeiten beschrieben worden. Zusammenfassungen finden sich z. B. In Eibl-Eibesfeldt 2004.

15. Es mag oberflächlich erscheinen hier nur vom Kurz- und Langzeitgedächtnis zu sprechen und diese beiden Begriffe nicht weiter zu differenzieren. Bei Fischen, sicher auch Amphibien und Reptilien mag das ausreichend sein. Bei höheren Säugetieren – Affen und dem erwachsenen Menschen – sind Erweiterungen nötig.

Ursprünglich gehen die beiden Begriffe zurück auf auf Hermann Ebbinghaus der 1885 in seiner Schrift „Über das Gedächtnis" die Ausdrücke „Gedächtnisspanne" und „natürliches Gedächtnis" prägte, die dann mit den Begriffen Kurz- und Langzeitgedächtnis gebräuchlich wurden. (Wobei es weitere Autoren vor ihm gibt, die schon ähnliches formulierten.) Inzwischen wurden beiden Ausdrücke und die dahinter stehenden Beobachtungen weiter differenziert. Für das Kurzzeitgedächtnis wird auch der Ausdruck „Primäres Gedächtnis" verwendet, dem ein sehr kurzes sensorisches Gedächtnis (Dauer kleiner als eine Sekunde) vorgeschaltet ist. Das Langzeitgedächtnis wird in ein Sekundäres Gedächtnis (Dauer Minuten bis Jahre) und eine Tertiäres

Gedächtnis (permanent) getrennt. (Siehe z. B. Schmidt/Thews Seiten 158ff)

Von anderen Autoren wird das Langzeitgedächtnis auch noch in ein semantisches und ein episodisches Gedächtnis geteilt (siehe Hoffmann/Engelkamp 2017). Darüber hinaus gibt es noch weitere Modelle, die eher akademisch als physiologisch gesichert erscheinen. Vor allem die Rolle der Sprache bei Gedächtnisleistungen wird dabei unser Meinung nach völlig übersteigert aufgefasst, da die angemessenen Erklärungsmodelle dafür fehlten. Die bisherigen Theorien von Sprache, ohne die Berücksichtigung des Primats der Kognitionsverarbeitung, führten zwangsläufig in eine falsche Richtung. Da wir in dieser Schrift hier von einfachen Ursprüngen ausgehen und auch nur einen eingeschränkten Bereich behandeln, ist es nicht notwendig auf solche Modelle näher einzugehen. Zu berücksichtigen ist lediglich der Gedanke, dass das Zusammenspiel zwischen Lang- und Kurzzeitgedächtnis vermutlich in Form von prozesshaften Abläufen stattfindet, in einem Systemverbund verschiedener Gehirnbereiche, aber da die tatsächlichen physiologischen Vorgänge nicht beobachtbar sind, bleibt dies ein sekundärer Gedanke (siehe Hoffmann/Engelkamp Seite 133f und Seite 206).

16. Diese These findet sich zum Beispiel bei dem Hirnforscher Singer (Singer 2002, Seite 70ff). Sie ist vor allem in der Neurophysiologie verbreitet.

17. Diese Formulierung mag etwas abwertend erscheinen. Natürlich haben Neurophysiologen inzwischen eine Fülle an Daten zur Funktionsweise des zentralen Nervensystems gesammelt. Beispielsweise erlaubt die Synapsendichte in einzelnen Hirnregionen Rückschlüsse über abgelaufene Lernprozesse zu ziehen. Und nicht zuletzt die Ableitung von elektrischen Potentialen bietet Erläuterungsmöglichkeiten. In welcher chemischen oder physikalischen Form Engramme (Erinnerungen) gespeichert werden, ist unklar.

18. Ein eine Fülle an Einzelbeispielen findet sich bei Eibl-Eibesfeld 1967

19. Wir folgen hier der Darstellung von Hellbrügge/Wimpfen. Diese im Zusammenhang mit einer Fernsehserie entstandene

Arbeit fasst die wesentlichen Leistungsentwicklungen des Kindes übersichtlich zusammen. Unzählige Auflagen bis heute und viele Übersetzungen belegen die Qualität un Gültigkeit dieser Schrift.

20. Bei den meisten höheren Säugetieren und manchen Vögeln findet sich besonders in den Jugendphasen ein ausgeprägtes Spielverhalten, das besonders bei domestizierten Tieren auch noch im Erwachsenenalter zu beobachten ist. Nicht anders als bei Menschenkindern wird so die Umwelt erkundet und es werden Handlungsweisen von anderen abgeschaut und eingeübt. (siehe Eibl-Eibesfeld Seite 338ff). Darüber hinaus lassen sich auch regelrechte Täuschungen bei Tieren beobachten. Hunde spielen gelegentlich Verletzungen vor, um beispielsweise getragen zu werden. Menschenaffen können Artgenossen von Futterplätzen fortlocken, um dann heimlich wieder zurückzukehren und ungestört zu fressen. (Godall Seite 85)

21. Der Neurophysiologe Benjamin Libet hat sich Jahrzehnte lang, ausgehend von empirischen Versuchen, mit dem Komplex Bewusstsein beschäftigt. Seine experimentellen Daten sind gut dokumentiert und wurden von anderen Wissenschaftlern im wesentlichen bestätigt. Ein Zusammenfassung seiner Untersuchungen findet sich in Libet 2005.

22. Siehe Libet Seite 230.

23. Ein amüsantes Beispiel findet sich dazu bei dem deutschen Hirnforscher Wolf Singer, der ebenfalls Zweifel an der Existenz eines freien Willens hat. In einem Interview (Schneider 2002) meint Singer: „Obwohl ich nicht an den freien Willen glaube, ... gehe ich abends nach Hause und mache meine Kinder dafür verantwortlich, wenn sie irgendeinen Blödsinn angestellt haben, weil ich natürlich davon ausgehe, dass sie auch anders hätten handeln können." Im täglichen Leben, so macht Singer deutlich, kommt man offensichtlich nicht ohne dass Gefühl eines freien Willens aus und handelt entsprechend.

Allerdings lässt sich dieses Beispiele auch anders interpretieren. Die Kinder haben Unsinn angestellt, weil ihr Handeln durch entsprechende Antriebe und Motivationen gesteuert wurde. Die Kritik ihres Vaters daran kann als Erziehungsversuch gedeutet werden, der bei den Kindern andere Wertungen anlegt und so die Motivation für ein angemesseneres Verhalten fördert.

24. Es gibt weitere Alltagserfahrungen, die für eine reine Abbildungsfunktion des Kurzzeitgedächtnisses sprechen und die Unmöglichkeit, die eigentlichen Verrechnungszusammenhänge zu erkennen. Jeder hat es schon erlebt, dass ihm ein Mensch begegnete, den er erkannte, grüßte, aber zu dem der Name nicht einfallen wollte. Oft erst Stunden, manchmal auch Tage später, in ganz anderen Situationen, wird der Name, wie aus heiterem Himmel, erinnert.

Die gedankliche Lösung von Problemen und kreatives Verhalten liefern ebenfalls Belege für den Abbildungscharakter des Kurzzeitgedächtnisses. Wenn wir vor einem Problem stehen und in Gedanken nach einer Lösung suchen, dann fällt diese meist spontan ein, ohne dass bewusst ist, woher sie kam.

Deshalb müssen wir beim Kurzzeitgedächtnis eher von einer Abbildungsebene statt einer Arbeitsebene ausgehen. Allerdings sprechen mathematische Modelle (die Lösung von Aufgaben in Gedanken) dagegen, deshalb ist vermutlich ein Zusammenhang von beiden Phänomenen anzunehmen, denn ohne die Abbildung des Modells kann das Gehirn nicht arbeiten. Damit knüpfen wir auch an die Anmerkung 15 an. Dort wurde auf ein prozesshaftes Zusammenspiel der verschiedenen Gedächtnisebenen hingewiesen. Natürlich sind die verschiedenen Speichermöglichkeiten und die augenblickliche Wahrnehmung eng miteinander verbunden und beeinflussen sich gegenseitig.

25. Dieses Stichwort „im Langzeitgedächtnis abgelegte Motivationen modifizieren" mag etwas undifferenziert verwendet worden sein. Vor allem in der Kindheit und Jugend ist es relativ einfach Wertungen anzulegen beziehungsweise zu verändern. Bekanntlich wird das immer schwieriger, je älter ein Mensch ist. Vor allem gelingt dies am besten durch die direkte Kognitionsverarbeitung in einer konkret erlebten Situation . Das belegt beispielsweise der Erfolg der Verhaltenstherapie. Aber auch nur sprachlich angebotene Möglichkeiten zur Verhaltensveränderung und damit verbundene Wertungen können erfolgreich sein, da nach der hier vorgeschlagenen Definition Sprache die Kogni-

tionsverarbeitung widerspiegelt – so entstanden ist. Allerdings ist dieser Weg, weil nicht direkt, zweifellos mühsamer. Entsprechend ist auch die Sprachlastigkeit in der Wissensvermittlung problematisch, nicht zuletzt, weil gar nicht immer sichergestellt ist, dass bei verschiedenen Menschen derselbe Sprachausdruck auch mit der gleichen Kognitionserfahrung verbunden ist. (Wir werden dieses Problem im letzten siebenten Kapitel wieder aufgreifen.)

26. Es gibt ein hübsches Beispiel für die These, dass Einsicht in innere Zustände und ein allumfassendes Wissen bedrückend sein muss. In dem ironischen Science-Fiction-Roman „Per Anhalter durch die Galaxis" von Douglas Adams gibt es einen allwissenden Roboter. Der weiß stets, warum Menschen etwas tun, und was als nächstes geschehen wird. Er wirkt deshalb außerordentlich depressiv.

Anmerkungen zum 6. Kapitel:
Denken und Denken lassen

1. Es verwundert, dass diese unbestreitbaren biologischen Grundlagen der menschlichen Sprachfähigkeit in den Sprachwissenschaften bisher nur am Rande vermerkt werden und noch nicht zur Bildung einer umfassenden Theorie verwendet wurden. Wahrscheinlich muss man, um dies zu verstehen, berücksichtigen, dass die Ursprünge der heutigen Sprachwissenschaften auf der Auseinandersetzung mit Literatur beruhen. So zum Beispiel die Brüder Grimm, die sich sowohl als Sammler von Märchenliteratur betätigten, aber auch mit ihrem Deutschen Wörterbuch die Basis der heutigen Sprachwissenschaft legten. Die Beschäftigung mit höchst komplexer Erwachsenensprache und dann auch noch dem Sonderfall der strukturierten Literaturbeispiele verstellt den Blick auf die Ursprünge der menschlichen Sprachfähigkeit.

Unserer Meinung nach sollten sich linguistische Untersuchungen und Modellbildungen (Theoriebildung) an naturwissenschaftlicher Methodik orientieren. Die Evolutionsgeschichte einerseits sowie der Aufbau und die Funktionsweise des Zentralen Nervensystems belegen eine materielle Basis der Sprachfähigkeit. Entsprechend liefern die biologischen Fachgebiete, insbesondere die Ethologie (vergleichende Verhaltensforschung), das nötige Handwerkszeug zur Untersuchung des Komplexes Sprache, wie in den ersten sechs Kapiteln dieser Arbeit gezeigt wurde.

2. Siehe Piaget 1923/1972 und Wygotsky 1934/1971.

3. Der inflationär gebrauchte Begriff „Künstliche Intelligenz" verschleiert die eigentlichen Probleme des Nachbaus menschlicher Fähigkeiten. Er lenkt die Diskussion darum auch in eine völlig falsche Richtung. Nur wenn die natürliche Entwicklung berücksichtigt wird, die im Rahmen der Evolution immer komplexere Problemlösungen im Zusammenhang mit der Kognitionsverarbeitung, dem Aufbau der Ich-Identität, der verschiedenen Antriebe und anderem mehr ermöglichte, kann das weite Feld unterschiedlichster intelligenter Leistungen einigermaßen

erfasst werden. Entsprechend müssen auch künstliche Intelligenzleistungen diese verschiedensten Facetten berücksichtigen, wenn sie den Anspruch erheben, mit menschlichen Leistungen vergleichbar zu sein. Wir müssen auf dieses Problem noch ausführlicher zurückkommen, weil nur durch diese Sicht Aussagen über die Entwicklung künstlicher Leistungen möglich werden.

4. Wie im einzelnen rechnergesteuerte Maschinen beim Erkennen ihrer Umwelt aufgebaut sind, kann hier nicht geschildert werden, weil das den Rahmen dieser Arbeit sprengen würde. Es ist einfach eine Tatsache, dass Maschinen schrittweise mit immer komplexeren Wahrnehmungsverarbeitungen ausgestattet wurden, die dann neue Einsatzmöglichkeiten erlauben. Statt des Ausdrucks „Wahrnehmungsverarbeitung" wäre es vielleicht angemessener von „immer komplexeren Sensoren und dahinter geschalteten Rechnern, die die aufgenommenen Daten verarbeiten" zu sprechen. Vom naturwissenschaftlichen Standpunk her ist es gleichgültig, ob Wahrnehmungsorgane aus organischer Materie oder aus elektronischen Bauteilen bestehen. Wichtig ist nur, wieweit sie vergleichbare Leistungen/Verhaltensmöglichkeiten erlauben.

5. Siehe z. B. Vowinkel 2006 Seite 91 oder Ford 2016 Seite 88. Dabei ist der Ausdruck „Gesetz" eigentlich nicht sinnvoll, denn es handelt sich im Grunde genommen bei dem Mooreschen Gesetz nur um eine Beschreibung der technischen Entwicklung. Zwangsläufig wird diese Entwicklung an physikalische Grenzen stoßen und beendet sein, wenn die elektronischen Bauteile in die Nähe von Molekülgröße gelangt sind. (Siehe folgende Anmerkung.)

6. Die heutigen Rechner beruhen auf der Transistor-Technik (Halbleiter-Technik). Etwas vereinfacht sind Transistoren im wesentlichen Schalterelemente, die es ermöglichen, ein binäres Zahlensystem zu erfassen (für Rechner müssen das Dezimalsystem und analoge Daten in ein binäres System übersetzt werden, da Computer nur die beiden Zustände Eins und Null (an oder aus, Spannung oder keine Spannung) erfassen können. Alle Daten, die von Sensoren oder anderen Empfangsgeräten geliefert werden, können so binär (digital) abgebildet werden.

Zusammen mit anderen elektronischen Bauteilen (Widerständen, Kondensatoren) lassen sich Transistoren auf Siliziumplättchen (Silizium ist ein Halbleiter) aufbauen und zu integrierten Schaltkreisen zusammenfassen. Dabei sind im Laufe der letzten Jahrzehnte diese Konstruktionen immer kleiner und leistungsfähiger geworden. Dadurch stieg die Rechnerleistung solcher Schaltkreise, auch Prozessoren genannt, in schnellen Schritten.

7. Etwas vereinfacht sind Nervenzellen (Neuronen) bei Tieren und Menschen im Gehirn über Fortsätze (Neuriten, Dendriten) netzartig miteinander verbunden. Über die Verbindungsstellen (Synapsen) läuft der Informationsfluss. Wenn neue Fertigkeiten oder Informationen gelernt und gesammelt werden, dann werden auch neue Verbindungen zwischen den Nervenzellen hergestellt, beziehungsweise andere, die nicht genutzt werden, werden wieder abgebaut. Menschen verfügen im Alter von drei Jahren über die größte Synapsendichte in ihrem Gehirn. Anschließend werden die Verbindungen beibehalten, bei denen die dadurch gesteuerten Fertigkeiten trainiert werden, andere, nicht aktivierte, werden abgebaut.

Prozessorennetzwerke (also Netzwerke von integrierten Schaltkreisen) ahmen die natürlichen Nervengewebe (Hirnstrukturen) nach. Da solche künstlichen Strukturen zu beachtlichen Fähigkeiten zur Mustererkennung und Speicherung (Lernvorgängen) in der Lage sind, scheint es gerechtfertigt zu sein von „künstlichen neuronalen Netzen" zu sprechen, auch wenn das Material dieser Netze und ihre Speicher (elektronische Bauteile) nicht das geringste mit organischer Materie zu tun hat. (Siehe auch Anmerkung 4)

8. Ein Beispiel dafür ist die Spekulation darüber, wieweit der Pflegenotstand in Altenheimen und Kliniken durch spezielle Roboter behoben werden könnte. Die Vielfältigkeit menschlicher Handlungen anderen Menschen gegenüber sind so diffizil, dass allenfalls einfachste Aufgaben – das Verteilen von Nahrung auf die Zimmer oder ähnliches auf absehbare Zeit geleistet werden kann.

9. Wir folgen hier im wesentlichen der Darstellung von Ziegenbalg 2010. In dieser Arbeit werden die Grundlagen der Algo-

rithmenentwicklung von den Ursprüngen bis heute übersichtlich geschildert. Ebenfalls relativ leicht verständlich ist die Arbeit „Algorithmik für Einsteiger"von Barth 2013.

10. Einer der ersten, der den Ausdruck „Universalroboter", „Superintelligenz" und „übermenschliche Intelligenz" gebrauchte, war Hans Moravec (Moravec 1999, Seite 143ff und 221ff). Derartige Ausdrücke finden sich bis heute in vielen Arbeiten, in denen es um die Zukunftsaussichten von Robotern und Rechnern geht.

11. Die Problematik der Vorhersage, wann, welche Leistungsstufe beim Bau von Robotern erreicht wird, zeigt sich beispielsweise bei Moravec 1999 Seiten 196ff. Beispielsweise prognostiziert er Haushaltsroboter für das Jahr 2010, die sich selbst optimieren, an einen Haushalt anpassen und auch noch über Spracherkennungssystem verfügen, die Emotionen begreifen (Seite 157f).

12. Die Verwendung des Ausdrucks „bedauerlicherweise" mag als Wertungsbegriff hier möglicherweise unangemessen zu sein scheinen. Das Ziel dieser Arbeit ist es aber, wie im ersten Kapitel formuliert, den Menschen und seine Möglichkeiten zu verstehen. Wenn Techniker versuchen menschliche Fähigkeiten nachzubilden, dann sollten sie auch den Blick auf die Komplexität des Menschen auf seine soziale und physische Umwelt nicht vernachlässigen. Menschen zu verstehen und seine Leistungen nachzubauen verlangt größere Zusammenhänge zu berücksichtigen. Dies muss im 7. Kapitel ausführlicher erläutert werden.

13. Siehe Ford 2016, Seite 21f.

14. Siehe Ford 2017, Seite 274ff. Ford beruft sich auf eine Stellungnahme des Physikers Stephen Hawkings und andere hochrangiger Naturwissenschaftler, die 2014 vor den Gefahren einer sich verselbstständigenden künstlichen Intelligenz warnen.

15. Wir werden im nächsten, dem 7. Kapitel, die Frage der wirtschaftlichen und sozialen Folgen, wenn immer mehr Arbeitsplätze von Maschinen übernommen werden, wieder aufgreifen

16. Es verwundert, dass in diesem Zusammenhang nur sehr selten auf die düstere Zukunftsvision von George Orwell „Neunzehnhundertvierundachtzig" hingewiesen wird, obwohl sich dort

eine deutlichen Parallele zu heutigen umfassenden Datensammlungen und die dadurch mögliche Überwachung des Einzelnen
findet. Wobei sich Orwells Schilderung damals nur auf den stali-
nistischen Terror bezog.

In China wird seit 2014 in der Stadt Rongcheng ein soge-
nanntes Sozialkredit-System aufgebaut. Dort werden an alle Bewohner für ihr soziales Verhalten Punkte vergeben. Negative für
beispielsweise das Überfahren einer roten Ampel, aber auch für
einen nicht angeleinten Hund. Positive für Nachbarschaftshilfen
oder Anerkennung für die gute Arbeit in einer Behörde (Siehe
Bericht im Deutschlandfunk vom 9.9.2017 oder Wikipedia zum
Stichwort Sozialkredit-System). Je nach dem Punktekonto werden dann als Belohnung Beförderungen innerhalb eines Amtes
ermöglicht oder als Strafen Reiseeinschränkungen ausgesprochen. Negative Punkte gibt es natürlich auch für Kritik an der
Kommunistischen Partei.

Dieses Bewertungssystem soll bis 2020 auf ganz China aus-
geweitet werden. In einem Jahresbericht des Sozalkredit-Infor-
mationszentrums in Peking vom Februar 2019 durften in 17,5
Millionen Fällen Menschen mit zu viel negativen Punkten keine
Flugtickets kaufen. (Siehe Bericht des Handelsblattes von 22.2.
2019)

Bei uns geht es zur Zeit nur um eine kommerzielle Nutzung
des Verhaltens im Umgang mit digitalen Geräten. Doch da nur
wenige große Firmen, die auch noch miteinander verflochten
sind, die Datensammlungen betreiben und weiter die Übermitt-
lungen von Nachrichten (Facebook und Co.) damit verknüpft
sind, ist die Gefahr einer totalitären Überwachung und Meinungsmanipulation nicht von der Hand zu weisen. Im nächsten,
dem 7. Kapitel müssen diese Fragen wieder aufgegriffen werden.

17. Siehe Euler 2006, Seite 20. In Stephen Eulers „Grundkurs Spracherkennung" wird besonders deutlich, dass die
künstlichen akustischen Sprachen nur auf Algorithmen beruhen.

18. Die Rechenschritte beim Verstehen natürlicher und der
Produktion künstlicher Sprache sind außerordentliche komplex
und es hat Jahrzehnte gedauert, bis sie zu einer recht brauch-

baren Funktionalität, aber jeweils in genau umrissenen Bereichen, entwickelt wurden. Allerdings lassen sie sich durch einfache Beschreibungen zusammenfassen: Die Lautschwingungen der akustischen Sprachäußerung werden digitalisiert und mit gespeicherten Mustern verglichen. Aus einem Fundus an Dialogstrukturen werden die wahrscheinlichsten Antworten, die an Hand von Schlüsselworten erkannt wurden, generiert. Z. B. Bei einem Bestellvorgang über Amazon werden die verstandenen akustischen Befehle in einen Nummerncode übertragen, der dann alles weitere – Abholung aus dem Lager, Verpackung, Versand usw. – einleitet.

19. Allan Turing starb bereits 1954, lange bevor Experimente, wie das von ihm geschilderte, möglich waren. In der Literatur finden sich zahlreiche Hinweise auf seine Überlegungen. Wir folgen hier Vowinkel 2006, Seite 121.

20. Wir geben hier weitgehend wörtlich die Beschreibung bei Wikipedia unter dem Stichwort „Turing-Test" wieder. (Siehe dort: Durchgeführte Turingtests und ähnliche Tests, letzter Absatz.)

21. Weizenbaum 1977

22. In Beiersdörfer 2003 Seite 171

23. Wieweit es überhaupt sinnvoll ist, den Weltraum oder auch nur unser Planetensystem durch Sonden oder Raumschiffe zu erforschen, ist eine andere Frage, die hier nicht weiter zur Sprache kommen kann.

Anmerkungen zum 7. Kapitel: Woher kommen wir, wer sind wir, wohin gehen wir?

1. Die Sprachfähigkeit ist der einzige und wesentliche Unterschied zwischen Menschen und Tieren. Sowohl aus biologischer Sicht als auch von Seiten der Sprachwissenschaft wird dies immer wieder betont. (Siehe z. B. Jolly 1975, Seite 261 oder Gerdes 2010, Seite 1.) Zwangsläufig ergibt sich daraus auch ein bestimmtes Menschenbild: nämlich die Annahme einer Überlegenheit und der Sonderstellung des Menschen gegenüber der Tierwelt. Seit den Sprachlernversuchen mit Schimpansen (siehe Gardner 1971) ist diese Ansicht ins Wanken geraten. Wir konnten in dieser Schrift nachweisen, dass alle Bausteine, aus denen sich der Sprachgebrauch des Erwachsenen entwickelt, schon im Tierreich zu beobachten sind. Entsprechend ist Bescheidenheit in Bezug auf die Annahme der Einzigartigkeit des Menschen angemessen.

2. Die Formulierung, dass die Menschen vor etwa 150.000 entstanden, muss relativiert werden. Es ist nicht so, dass plötzlich die genetische Struktur, die heute noch vorliegt und auch die Sprachfähigkeit ermöglicht, plötzlich entstand. Vielmehr zog sich diese Entwicklung über mindestens eine Million Jahre hin. Beispielsweise wird die erste Feuerstelle im heutigen Kenia auf 1,5 Millionen Jahre vor unserer Zeitrechnung datiert (siehe: Der neue Kulturfahrplan 1998, Seiten 13ff). Seit rund 240.000 Jahren lassen sich bearbeitete Faustkeile und andere Werkzeuge nachweisen. Etwa 120.000 Jahre alt sind Bärenschädel, die in Steinkästen gebettet wurden. Vor 60.000 Jahren entstanden die ersten Felszeichnungen in Höhlen sowie Tier- und Frauenplastiken.

3. Es mag leichtfertig erscheinen, hier nur die drei Namen Kopernikus, Galilei und Darwin und ihre Arbeiten zu nennen. Tatsächlich bauen die drei Autoren auf vielen anderen Forschungen von Vorgängern und Zeitgenossen auf. Da hier aber nur einschneidende Wendepunkte in der Wissenschaftsgeschichte wichtig sind, beschränken wir uns im wesentlichen auf diese drei Forscher.

4. Im 3. Kapitel haben wir den Werkzeugcharakter der Sprache und die dadurch möglichen Entdeckungen (Abbildungen) am Beispiel des Periodensystems der Elemente schon ausführlich geschildert. Darüber hinaus basiert jede Konstruktionszeichnung auf der Sprachfähigkeit und wird dadurch erst ermöglicht.

5. Charles Darwin lebte von 1809 bis 1882. Sein Hauptwerk „On the Origin of Species (Über die Entstehung der Arten) erschien 1859. Die Evolutionstheorie nach Darwin und Wallace besagt, dass sich aus sehr einfachen Lebensformen immer komplexere und an die jeweiligen Umweltbedingungen besser angepasste Arten entwickelt haben. Neue Fähigkeiten basieren auf zufälligen Veränderungen des Erbmaterials (Mutationen). Dabei geben diejenigen Individuen, die am erfolgreichsten sind, ihre Erbanlagen an die Nachkommen weiter (hier etwas vereinfacht). Unter anderem die Entschleierung der chemischen Struktur der Gene (DNS, Watson/Crick) bestätigte die Theorie.

6. Alfred C. Kinsey (1894 – 1956) war ein amerikanischer Zoologe, dessen Spezialgebiet die Untersuchung von Gallwespen war. In den dreißiger Jahren des vorigen Jahrhunderts, als er an der Indiana Universität lehrte, wurde er gebeten, Ehevorbereitungskurse zu veranstalten. Er stellte schnell fest, dass es keine systematischen Untersuchungen zum menschlichen Sexualverhalten gab, entsprechen auch keine gesicherten Aussagen, was als normal anzusehen war.

Kinsey startete deshalb gemeinsam mit Mitarbeitern umfangreiche Befragungen von über 5000 Frauen und Männer. Die Auswertung des Material mündete in zwei Bücher über das sexuelle Verhalten des Mannes (1948) und dann der Frau (1953). („Sexual Behavior in the Human Male" 1948; deutsch: „Das sexuelle Verhalten des Mannes", 1955 und „Sexual Behavior in the Human Female" 1953; deutsch: „Das sexuelle Verhalten der Frau" 1954.)

Die beiden Bücher widerlegten überkommene Moralvorstellungen zur Sexualität. Unter anderem wurde festgestellt, dass Bisexualität und Homosexualität zum Verhaltensrepertoire des Menschen gehören, weil etwa die Hälfte der Befragten entsprechende Neigungen, zumindest zeitweise, hatte. Darüber hinaus müssen die verschiedensten Sexualpraktiken, der vorher als abartig galten, als normal angesehen werden. Spätere Untersuchungen von anderen Forschergruppen bestätigten im wesentlichen die Ergebnisse von Kinsey.

7. Eigentlich erübrigt es sich, auf die Situation beispielsweise in der katholischen Kirche in Bezug auf wissenschaftlich unhaltbare Ansichten zum Thema Sexualität hinzuweisen. Es bleibt nur ein ratloses Staunen, warum solche Gruppierungen nicht in der Lage sind, sich an Fakten zu orientieren.

8. Diese Formulierung beruht darauf, dass die heutigen Sprachwissenschaften gänzlich andere Untersuchungsansätze als wir verfolgen. In erster Linie werden dort die verschiedensten Sprachäußerungen vor allem von Erwachsenen untersucht. Sprache als ein naturwissenschaftliches Phänomen zu begreifen, das mit Methoden der vergleichenden Verhaltensforschung zu analysieren ist, dürfte kaum akzeptiert werden. Nicht zuletzt unsere Aussage, dass Sprache gar kein eigenständiges System darstellt, sondern lediglich die Kognitionsvorgänge widerspiegelt, dürfte von Linguisten abgelehnt werden.

9. Bei der Schilderung der Bildung von Rangordnungen wird der Begriff hier als Oberbegriff für miteinander verwobenes, genetische bedingtes Verhalten verstanden. Eine Reihe von Faktoren (z. B. angeborene Beschwichtigungsgesten) werden modifiziert von Erfahrung, also Lernvorgängen. Die Herausbildung von hierarchischen Strukturen ist wahrscheinlich eines der wichtigsten Beispiele für das Verhalten in Sozietäten.

10. Siehe Eibl-Eibesfeld Seiten 616ff

11. Siehe das Stichwort „The Third Wave" bei Wikipedia. (In Deutschland ist die Thematik durch den Film „Die Welle" 2008 mit Jürgen Vogel in der Hauptrolle bekannt geworden.)

12. Milgram und seine Mitarbeiter gewannen einen repräsentativen Bevölkerungsquerschnitt (über tausend Menschen namen an dem Test teil) aus der Stadt New Haven als Versuchspersonen. Der Ablauf des Experiments lief in verschiedenen Variationen immer ähnlich ab. Hier geben wir es etwas verkürzt wider:

Den Versuchspersonen wurde vorgespielt, dass sie als Lehrer unter der Aufsicht eines wissenschaftlichen Versuchsleiters einen Schüler bei Lernexperimenten untersuchen sollten. Ziel des vorgeblichen Experiments war, wieweit man mit Bestrafungen bessere Lernerfolge erzielen könnte. Der Schüler sollte Wortreihen assoziativ zusammenstellen. Wenn dies dem Schüler nicht korrekt gelang, sollte er mit einem Stromschlag mit wachsender Stärke bestraft werden, den der Lehrer (die eigentlichen Versuchsperson) auszulösen hatte. (Natürlich wurden keine Stromschläge ausgelöst, dies wurde auch nur vorgegaukelt.)

Der Schüler war auf einem Stuhl festgeschnallt worden, an seinen Handgelenken waren die Elektroden für den Stromschlag befestigt. Er befand sich in einem abgetrennten Raum, für den Lehrer (die Versuchsperson) nicht sichtbar, aber dieser Raum und der Schüler wurde ihm vor Beginn der Prozedur gezeigt. Die Antworten des Schülers wurden akustisch in einen zweiten Raum übermittelt, in dem die eigentliche Versuchsperson und der als wissenschaftlich Autorität bezeichnete Versuchsleiter saßen.

Das Experiment zeigte: Alle Versuchspersonen lösten die ersten, leichten Schläge aus, Dreiviertel von ihnen waren bereit, immer höhere Stromstöße bis hin zur Lebensgefahr zu erteilen. (Das Milgram-Experiment ist auf deutsch 1982 erschienen.)

13. Siehe Zimbardo 2005

14. Es würde den Rahmen diese Abhandlung sprengen, das weite Feld der Gruppendynamik als Teilgebiet der Psychologie hier einzufügen. Wenn wir dieses Fachgebiet etwas vereinfacht formulieren, geht es auch dort darum, die Kenntnisse über Rangordnungen im Rahmen von Gruppen zu erfassen, damit diese besser funktionieren.

15. Ein gutes Beispiel für diese These bietet eine allein auf Sprache fixierte Psychotherapie, die meist unendlich lange dauert und deren Erfolge nicht unumstritten sind. Gegenbeispiele liefert die Verhaltenstherapie, bei der ein langsames Herantasten an die belastende Situation erfolgt. Die direkte Wahrnehmung der gefürchteten Erlebnisse (Tierphobien, Flugzeugangst etc.) führt zu signifikant besseren Resultaten, als der Umweg

über Sprache. (Sprache basiert auf Wahrnehmungsverarbeitung, da ist es bei einer Therapie schlicht einfacher, die direkte Wahrnehmungsängste in den konkreten belastenden Situation anzugehen.)

16. Beispielsweise mag die Formulierung des „kategorischen Imperativs" eine solche Erfahrung sein, die weitergegeben werden muss. (Die vereinfachte Form des kategorischen Imperativs nach Immanuel Kant findet sich dabei schon Jahrtausende früher als „goldene Regel": „Was du nicht willst, was man dir tut, das füg auch keinem anderen zu.") Die Beschreibung der „Gewaltenteilung" ist eine andere wichtige Grundlage für das Zusammenleben von Menschen, die vermittelt werden muss. Darüber hinaus gehören dazu seit langem bekannte Grundprinzipien der Pädagogik, die festlegen, dass Schüler zu selbstbestimmten, reflektierten Menschen erzogen werden. (Nach Maria Montessori bedeutet das, dass der Lehrer sein Ziel erreicht hat, wenn er überflüssig geworden ist.) Entsprechend sollten die sozialen Fähigkeiten eines Schülers wichtiger sein als der Wettbewerb um die besten Noten.

Vielleicht ist der inzwischen weltweite Schülerprotest gegen die Ignorierung des Klimawandels, der seit einiger Zeit stattfindet, das erste Zeichen dafür, dass sich eine neue Generation von Menschen abzeichnet, die sich gegen versteinerte, überkommene Regeln der Organisation des Zusammenlebens und des mühsamen Wandels wehrt. Wenn man tatsächlich radikal (wie es die Jugendlichen fordern) die größten Dreckschleudern (Kohlekraftwerke, Flugzeug- und Autoverkehr, Massentierhaltung u.a.) von heute auf morgen massiv einschränken würde, dann gäbe es allerdings heftige ökonomische Einbrüche und extreme Arbeitslosenzahlen. Doch selbst wenn dann unsere Wirtschaftsleistung auf den Stand der 60er Jahre des vorigen Jahrhunderts zurückfiele, könnten wir das verkraften, und einigermaßen bequem leben so wie damals auch schon. Dann hätte eben nicht jede Familie ein oder zwei Autos. Dann gäbe es nur noch ein Telefon und einen Fernseher in der Wohnung. Und die Ferienreise führe allenfalls nur ein paar hundert Kilometer weit mit der Bahn. Na und?

17. Neben anderen hat Martin Ford (2015, Seiten 297ff) die Veränderungen der Wirtschaftsstrukturen, die durch den Einsatz von immer mehr Maschinen zwangsläufig zu erwarten sind, beschrieben.

18. Gesicherte Fakten gibt es zu diesen Manipulationsmöglichkeiten nur wenige. Die vielfältigen Berichte in den Medien bestätigen aber wohl, dass längst eine Art Cyberkrieg auf unterschiedlichsten Ebenen tobt. Das beginnt bei einfachen kriminellen Aktionen, bei denen persönliche Daten abgegriffen werden, um damit Betrügereien zu starten. Und es reicht bis hin zu Aktionen auf vermutlich staatlicher Ebene gegen fremde Nationen. Siehe z. B. den Hackerangriff auf die Computer des deutschen Bundestages.

19. Ein klassisches Beispiel aus der Vergangenheit für die fehlende Technikfolgenabschätzung liefert die Entwicklung und massenhafte Verbreitung von Kraftfahrzeugen. Sie lässt sich am besten in Form einer hypothetischen Frage deutlich machen: Wenn vor 150 Jahren ein Erfinder verkündet hätte, er verfüge über eine unglaublich nützliche Entdeckung, die die Mobilität der Menschen und auch noch den wirtschaftlichen Aufschwung gewaltig verbessern würde. Wobei diese Erfindung nur den Preis hätte, das jährlich 25.000 Menschen in Europa sterben und rund 150.000 verletzt würden, dann hätte man den Kerl zum Teufel gejagt.

20. Wir wollen hier nicht den Eindruck erwecken, dass wir die Rückkehr zu Postkutschen und vom Wind getrieben Schiffen propagieren. Ein Wirtschaftswachstum, das auf neuen Erfindungen oder Optimierungen von Abläufen beruht, ist sicher sinnvoll. Allerdings müsste in jedem Einzellfall, so utopisch das klingen mag, eine Abschätzung nötig sein, die sich mit den Folgen des Einsatzes von neuen Techniken vor ihrer Einführung befasst.

9. Literaturverzeichnis

Adams, Douglas: Per Anhalter durch die Galaxis. Heyne Verlag 1981. Englisches Original erschien 1979

Barth, Armin P: Algorithmik für Einsteiger. Springer Fachmedien. Wiesbaden 2013

Beiersdörfer, Kurt (Hrsg.): Was ist Denken? Ferdinand Schöningh Verlag, Paderborn 2003

Berger, Ruth: Warum der Mensch spricht. Eine Naturgeschichte der Sprache. Eichborn Verlag, Frankfurt am Main 2008

Bichsel, Peter: Kindergeschichten. Neuwied, Berlin 1969

Brocher, Tobias: Gruppendynamik und Erwachsenenbildung. Braunschweig 1967

Chomsky, Noam: Syntactic Structures. The Hague: Mouton 1957

Der neue Kulturfahrplan. Herbig Verlag, München 1998

Deutsche Gesellschaft für Sprachwissenschaft (DGfS). Stellungnahme der DGfS zur Gebärdensprache. 1.12.2011. www.-dgfs.de

Deutschlandfunk: Bericht vom https://www.deutschlandfunk.-de/sozialkredit-system-china-auf-dem-weg-in-die-it-diktatur.724.de.html?dram:article_id=395440

Dörner, Dietrich: Bauplan für eine Seele. Rowohlt Verlag, Reinbek 1998

Duden-Grammatik. Mannheim 2009

Eccles, John C./Popper, Karl R.: Das Ich und sein Gehirn. R. Piper Verlag. München 1982 (englische Erstausgabe erschien 1977)

Eibl-Eibesfeldt, Irenäus: Grundriß der vergleichenden Verhaltensforschung. R. Piper Verlag, München 1967, 8. überarbeitete Ausgabe 2004

Euler, Stephen: Grundkurs Spracherkennung. Vieweg-Verlag. Wiesbaden 2006

Ford, Martin: Rise of the Robots: technology and the threat of a jobless future. Basic Books 2015. Deutsche Übersetzung: Aufstieg der Roboter. Plassen Verlag, Börsenmedien AG. Kulmbach 2016

Gardner, R.A. und B.T.:Two-Way-Communication with an Infant Chimpanzee. In: Schrier, A. und Stollnitz, F. (Hrsg.): Behavier of Nonhuman Primates, 4, (Acad. Press) 1971

Gerdes, Jens: Als die Sprache zur Welt kam. Was Linguisten über die Evolution von Sprache zu sagen haben. Aus: Sprachreport Heft 1/2010. Hrsg. Institut für deutsche Sprache

Goodall, Jane: In the Shadow of Man. London 1971, Deutsch: Wilde Schimpansen. Reinbek 1971

Handelsblatt: https://www.handelsblatt.com/politik/international/sozialkredit-system-millionen-chinesen-bekommen-reiseverbote-wegen-fehlverhaltens/24029306.html?ticket=ST-191134-UXusC9wgzqcgUHYUZHxa-ap2

Hofstätter, Peter, R.: Gruppendynamik. Hamburg 1971

Haeckel, Ernst: Generelle Morphologie der Organismen. Bd. 2: Allgemeine Entwicklungsgeschichte der Organismen. Berlin 1866

Hellbrügge, Theodor/Wimpfen, J. Hermann von: Die ersten 365 Tage im Leben eines Kindes. München 1976, letzte Ausgabe 2016

Hellmann, Hans-Dieter: Ein Modell zur Sprache. Eine Untersuchung des Zusammenhangs zwischen Sprache und Kognition unter Berücksichtigung psychologischer und besonders biologischer Aspekte. Diss. phil. Hamburg 1978

Hellmann, Hans-Dieter: Denken und Denken lassen. Über den Geist des Menschen und seine künstlichen Konkurrenten. J.H.W. Dietz Verlag, Bonn 1990

Hofstätter, Peter R.: Gruppendynamik. Hamburg 1957

Hoffmann, Joachim/Engelkamp, Johannes: Lern- und Gedächtnispsychologie. Springer-Verlag, Berlin, Heidelberg 2017

Jacobsen, Ingrid u.a. Hrsg.: Sprachmagie und Wortzauber. Traumhaus und Wolkenschloss. Forschungsbeiträge aus der Welt der Märchen. Königfurt Verlag, Krummwisch 2004

Jolly, Alison: Die Entwicklung des Primatenverhaltens. Stuttgart 1975. Engl. Orginal The Evolution of Primate Behavior. London 1972

Keller, Helen: Die Geschichte meines Lebens. Stuttgart 1905

Lenneberg, Eric H.: Biological Foundations of Language. New York 1967. Dt. Biologische Grundlagen der Sprache. Suhrkamp Verlag, Frankfurt am Main 1972

Libet, Benjamin: Mind Time. Wie das Gehirn Bewusstsein produziert. Frankfurt a. M. 2005. Originalausgabe: Mind Time. The Temporal Factor in Consciousness. Harvard University Press 2004

Lindgren, Astrid: Pippi in Taka-Tuka-Land. Hamburg 1968

Lorenz, Konrad: Der Kumpan in der Umwelt des Vogels. J. Ornith. 83, 1935

Lorenz, Konrad: Das sogenannte Böse. Wien 1963

Lorenz, Konrad: Über tierisches und menschliches Verhalten. Aus dem Werdegang der Verhaltenslehre. Bd. I u. II, München 1965

Lyons, John: Einführung in die moderne Linguistik. München 1971. (Engl. Orginalausgabe Cambridge 1968)

Marossek, Diana: Kommst du Bahnhof oder hast du Auto. Hanser Verlag, Berlin 2016

Metzinger Thomas: Postbiotisches Bewußtsein. In: Beiersdörfer 2003

McCall, R.B.: Infants. Cambridge 1979

Milgram, Stanley: Das Milgram-Experiment. Reinbeck 1982. Org.: Obedience to Authority. An Experimental View. New York 1972

Moravec, Hans: Robot. Mere Mashine to Transcendent Mind. Oxford Univerity Press 1998. Deutsch: Computer übernehmen die Macht. Hamburg 1999

Oerter, Rolf: Moderne Entwicklungspsychologie. Donauwörth 1967 (Hier ist die 14. Auflage von 1974 verwendet worden)

Orwell, George: Nineteen Eighty-Four 1949. Deutsch: Neunzehnhundertvierundachtzig. Diana Verlag Zürich 1950

Pauen, Michael/Roth, Gerhard: Neurowissenschaften und Philosophie. Wilhelm Fink Verlag, München 2001

Pauen, Michael : Was ist der Mensch? Die Entdeckung der Natur des Geistes. Deutsche Verlags-Anstalt. München 2007

Piaget, Jean: Sprechen und Denken des Kindes. Düsseldorf 1972. (Franz. Erstausgabe 1923)

Piaget, Jean: Das Erwachen der Intelligenz beim Kinde. Stuttgart 1969. (Franz. Erstausgabe 1936)

Pinquart, Martin/Schwarzer, Gudrun/Zimmermann, Peter: Entwicklungspsychologie – Kindes- und Jugendalter. Hogrefe Verlag 2011

Roth, Gerhard/Strüber, Nicole: Wie das Gehirn die Seele macht. Klett-Cotta Verlag.Stuttgart 2014

Saussure, Ferdinand de: Grundfragen der allgemeinen Sprachwissenschaft. Berlin 1967. (Franz. Erstausgabe 1916)

Schenk-Danziger, Lotte, völlig neu bearbeitet von Karl Rieder: Entwicklungspsychologie, G&G Verlagsgesellschaft Wien, 2007

Schmidt, Robert F./Thews, Gerhard, Hrsg.: Physiologie des Menschen. 26. Auflage, Springer-Verlag Heidelberg 1995

Schnabel, Ulrich/Senker, Andreas: Wie kommt die Welt in den Kopf? Reisen durch die Werkstätten der Bewusstseinsforscher, Rowohlt Verlag, Reinbeck 1997

Schneider, Reto, U.: Der freie Unwille. NZZ Folio. 2002

Selg, Herbert: Zur Aggression verdammt? Psychologische Ansätze einer Friedensforschung. Stuttgart 1971

Selg, Herbert: Psychologie der Aggressivität. Göttingen 1988

Siegler, Robert u.a.: Entwicklungspsychologie im Kindes und Jugendalter. 3. Aufl. 2011, Spektrum Akademischer Verlag, Heidelberg

Singer, Wolf: Der Beobachter im Gehirn. Frankfurt a.M. 2002

Steinig, Wolfgang: Als die Wörter tanzen lernten. Ursprung und Gegenwart von Sprache. Spektrum Verlag, Heidelberg 2007

Stern, Clara und William: Die Kindersprache. WBG, Darmstadt 1987, Erstauflage Leipzig 1907

Tomasello, Michael: Die Ursprünge der menschlichen Kommunikation. Suhrkamp Verlag. Frankfurt am Main 2009

Uexküll, Jakob von: Streifzüge durch die Umwelten von Tieren und Menschen. Berlin 1934/Frankfurt a. M. 1970

https://www.dasgehirn.info/denken/im-kopf-der-anderen/erkenne-dich-selbst-2013-im-spiegel-942

Vowinkel, Bernd: Maschinen mit Bewusstsein. Wohin führt die künstliche Intelligenz? WILEY-VCH Verlag, Weinheim 2006

Weizenbaum Joseph: Die Macht der Computer und die Ohnmacht der Vernunft. Frankfurt 1977

Wenzl, A.: Theorie der Begabung, Leipzig 1934

Wygotski, Lew Semjonowitsch: Sprechen und Denken. Stuttgart 1971 (Russ. Orginalausgabe 1934)

Ziegenbalg, Jochen / Ziegenbalg, Oliver / Ziegenbalg, Bernd: Algorithmen von Hammurapi bis Gödel. 3. Auflage Frankfurt a.M. 2010

Zimbardo, Philip: Das Stanford Gefängnis Experiment. Eine Simulationsstudie über die Sozialpsychologie der Haft. 3. Auflage. Santiago Verlag, Goch 2005

Zeitfracht Medien GmbH
Ferdinand-Jühlke-Straße 7
99095 Erfurt, Deutschland
produktsicherheit@kolibri360.de